나의 타자실력은?

날 짜	평균 타수	정확도(%)	선생님 확인
월 일			
월 일			
월 일			
월 일			
월 일			
월 일			
월 일			
월 일			
월 일			
월 일			
월 일			
월 일			
월 일			
월 일			
월 일			
월 일			
월 일			
월 일			
월 일			
월 일			

교재 자료 다운로드 방법

1 렉스미디어 홈페이지(http://www.rexmedia.net)에 접속한 후 **[자료실]-[대용량 자료실]**을 클릭합니다.

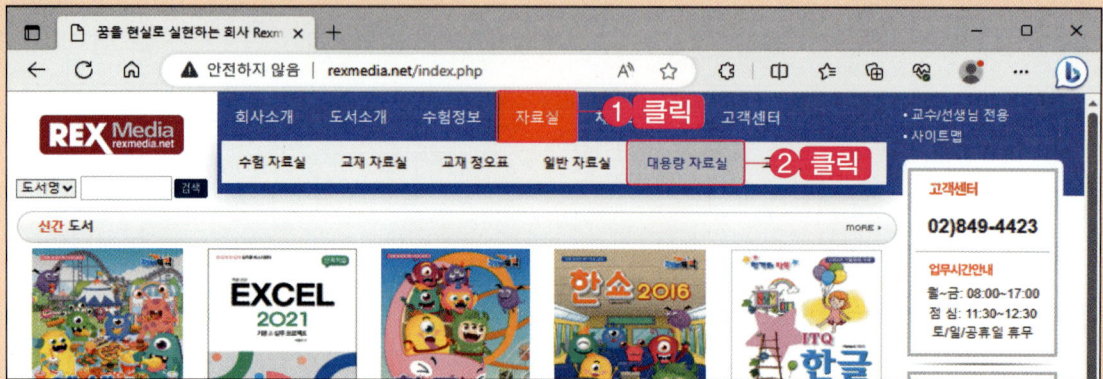

2 렉스미디어 자료실 페이지가 표시되면 **[깨비뚝딱]** 폴더를 클릭합니다.

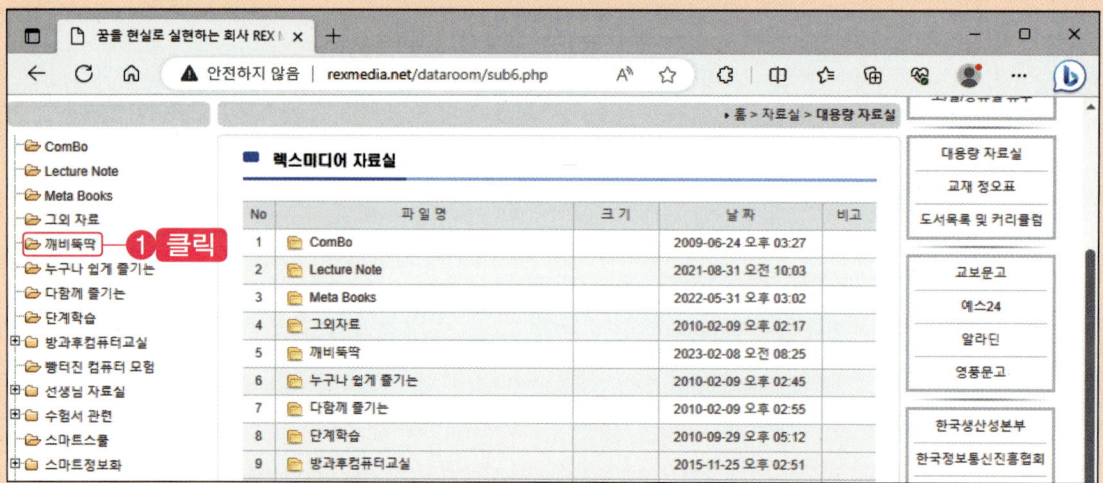

3 깨비뚝딱 관련 페이지가 표시되면 **[(깨비뚝딱) 파워포인트2021.zip]** 파일을 클릭합니다.

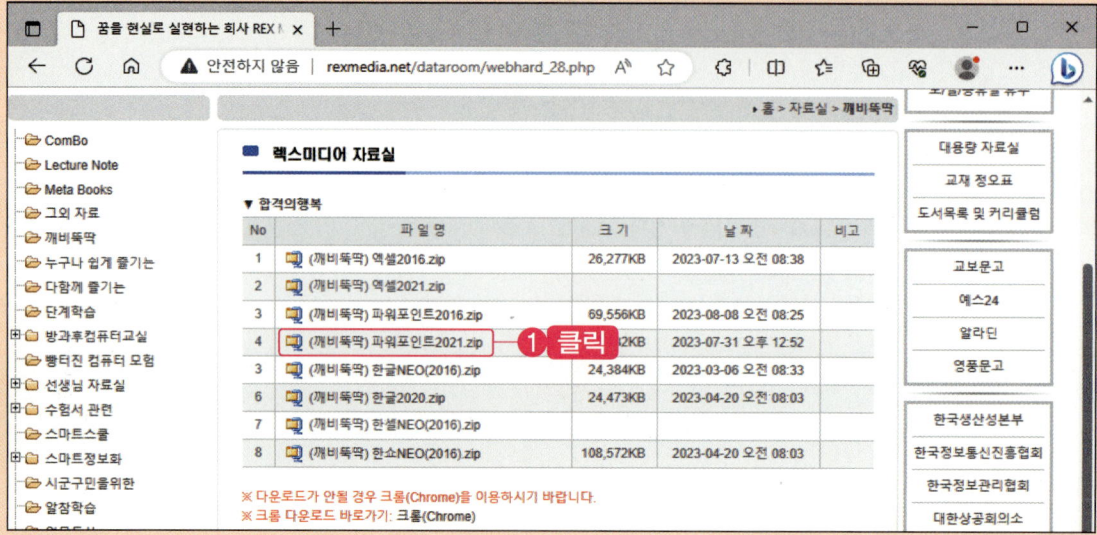

교재 자료 다운로드 방법

4 파일 다운로드가 완료되면 **[폴더에 표시]**를 클릭합니다.

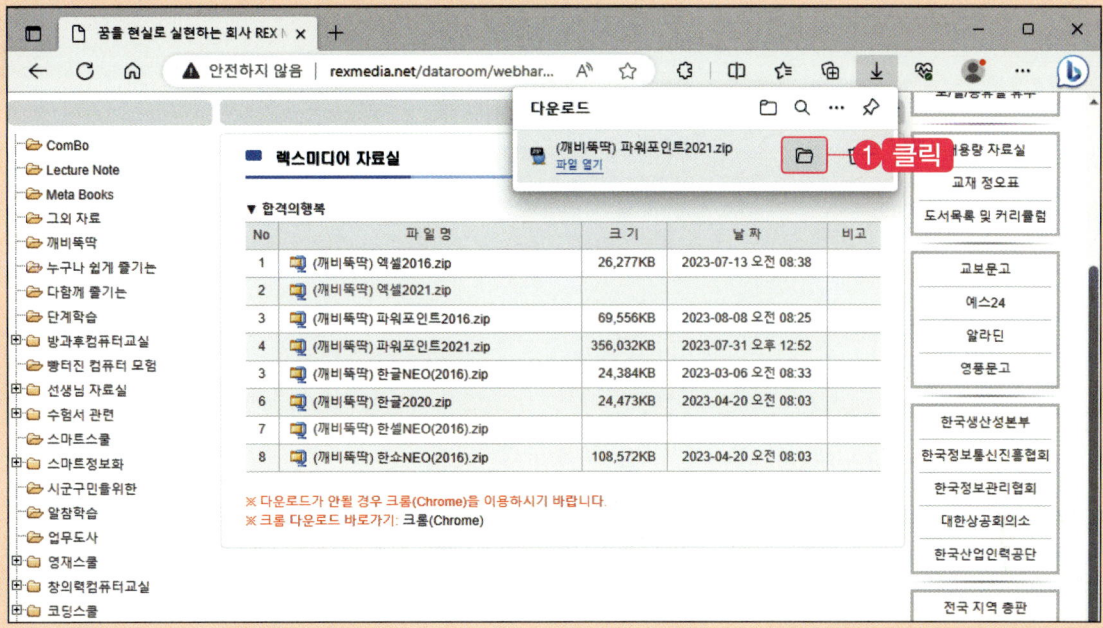

5 파일 탐색기가 실행되면 파일을 압축 해제한 후 [(깨비뚝딱) 파워포인트2021] 자료를 확인합니다.

이 책의 차례

Lesson 01 무지개가 떴어요. ·········· 6
- 파워포인트 실행하고 레이아웃 변경하기
- 슬라이드 추가하고 배경 속성 지정하기
- 슬라이드 배경 바꾸기
- 슬라이드 쇼 시작하기

Lesson 02 키보드의 키가 빠졌어요. ·········· 14
- 키보드의 주요 키 알아보기
- 키보드에 키 이미지 배치하기

Lesson 03 내 캐릭터를 만들어요. ·········· 20
- 나만의 개성있는 캐릭터 만들기
- 내 캐릭터 그룹화하기
- 내 캐릭터 그림 파일로 저장하기

Lesson 04 내 소개하기 ·········· 26
- 캐릭터를 삽입하고 디자인 적용하기
- 자기 소개글 입력하기
- 글꼴 서식 지정하기

Lesson 05 캐릭터 이름표 만들기 ·········· 32
- 내 캐릭터 이름표 만들기
- 내 캐릭터 이름표 그룹화하고 복사하여 배치하기

Lesson 06 도형의 겹치는 순서를 다시 정해요. ·········· 38
- 도형의 겹치는 순서 다시 정하기
- 도형 회전하기

Lesson 07 꽃을 만들어요. ·········· 42
- 꽃잎 만들기
- 작은 꽃잎과 꽃술 만들기
- 꽃 그룹화하고 복사하여 배치하기

Lesson 08 토끼와 양을 만들어요. ·········· 48
- 토끼 얼굴 만들기
- 양 만들기

Lesson 09 딸기와 오렌지를 만들어요. ·········· 58
- 딸기 만들기
- 오렌지 만들기

Lesson 10 무당벌레와 달팽이를 만들어요. ·········· 66
- 무당벌레 만들기
- 달팽이 완성하기

Lesson 11 아이스크림을 만들어요. ·········· 72
- 아이스크림 만들어 보기
- 나만의 특별한 아이스크림 만들기

이 책의 차례

Lesson 12 김밥을 만들어요. ··············· 78
- 나무도마 접시 만들기
- 김밥 만들기
- 단무지 만들고 배경 변경하기

Lesson 13 개구리를 만들어요. ··············· 86
- 기본 도형으로 지정하기
- 개구리 만들기

Lesson 14 푸딩과 액자를 만들어요. ··············· 92
- 푸딩 만들기
- 액자 만들기
- 식탁 만들고 도형 서식을 지정하기

Lesson 15 축하 카드와 감사 카드를 만들어요. ··············· 98
- 워드아트(WordArt) 삽입하기
- 텍스트 효과 지정하기

Lesson 16 반갑게 인사해요. ··············· 104
- 슬라이드 복제하고 인사말 입력하기
- 화면 전환 효과 지정하고 비디오 파일로 저장하기

Lesson 17 물고기가 사이좋게 다녀요. ··············· 112
- 이미지를 삽입하고 배경 투명하게 처리하기
- 물고기에 애니메이션 효과 지정하기

Lesson 18 달려라! 기차야!! 칙칙폭폭 ··············· 120
- 기차 완성하기
- 기차를 움직이는 효과주기
- 애니메이션 추가하기

Lesson 19 피에로가 공을 돌려요. ··············· 128
- 피에로와 공에 애니메이션 지정하기
- 프레젠테이션 동영상 만들기

Lesson 20 배운것을 정리해요! ··············· 136

Lesson 21 종합정리 1 효도쿠폰을 만들어요 ··············· 138

Lesson 22 종합정리 2 상품을 진열대에 진열해요 ··············· 140

Lesson 23 종합정리 3 애니메이션을 지정해요 ··············· 142

Lesson 24 종합정리 4 프레젠테이션 동영상을 만들어요 ··············· 144

Lesson 01

배울 수 있어요!
- 파워포인트를 실행하고 레이아웃을 변경할 수 있어요.
- 슬라이드를 추가하고 배경 속성을 지정할 수 있어요.
- 슬라이드 쇼를 시작할 수 있어요.

무지개가 떴어요♥

자기 생각을 다른 사람에게 전달하는 것을 '프레젠테이션'이라고 하는데요. 파워포인트는 프레젠테이션을 만들 수 있는 프로그램이랍니다. 그럼, 이번 시간에는 파워포인트를 실행하고 레이아웃을 변경하는 방법, 슬라이드를 추가하고 배경 속성을 지정하는 방법, 슬라이드 쇼를 시작하는 방법에 대해 알아볼게요.

▶ **예제 파일** : 1차시\8번 슬라이드 배경.png   ▶ **완성 파일** : 1차시\무지개_완성.pptx

- 파워포인트를 실행하고 레이아웃을 변경해요.
- 슬라이드를 추가하고 배경속성을 지정해요.
- 슬라이드 쇼를 시작해요.

1 파워포인트 실행하고 레이아웃 변경하기

01 파워포인트 2021 프로그램을 실행하기 위해 [시작(⊞)]을 클릭한 후 앱 뷰에서 [PowerPoint]를 클릭하여 프로그램을 실행해요.

02 파워포인트 2021이 실행되면 [새 프레젠테이션]을 클릭해요.

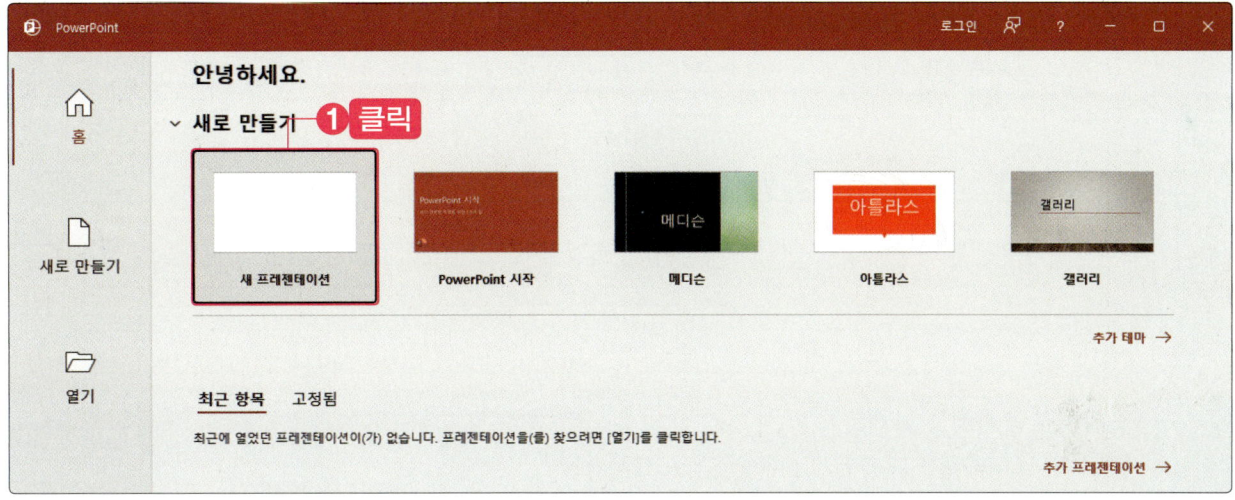

03 새 프레젠테이션이 만들어지면 레이아웃을 변경하기 위해 [홈] 탭-[슬라이드] 그룹에서 [레이아웃]을 클릭한 후 [빈 화면]을 클릭해요.

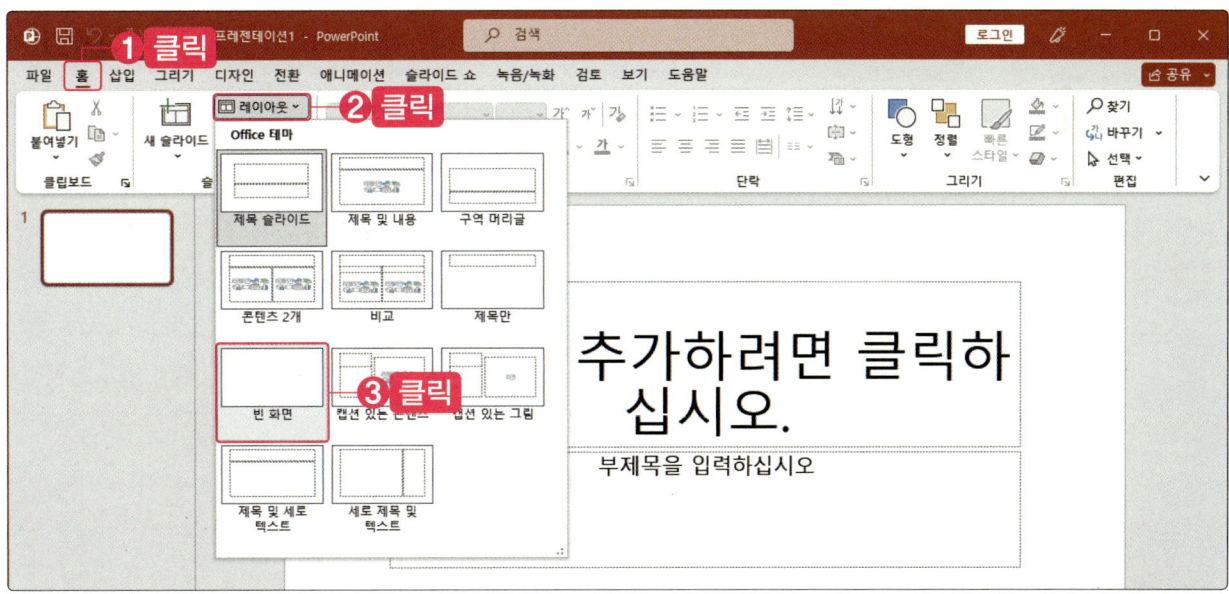

> 슬라이드(프레젠테이션에서 하나의 화면)에서 개체(글상자나 그림 등)가 배치되는 모양을 '레이아웃'이라고 해요.

04 레이아웃이 변경돼요.

Lesson 01 • 무지개가 떴어요. 7

 ## 슬라이드 추가하고 배경 속성 지정하기

01 슬라이드를 추가하기 위해 〔홈〕 탭-〔슬라이드〕 그룹에서 〔새 슬라이드(🔲)〕를 클릭해요.

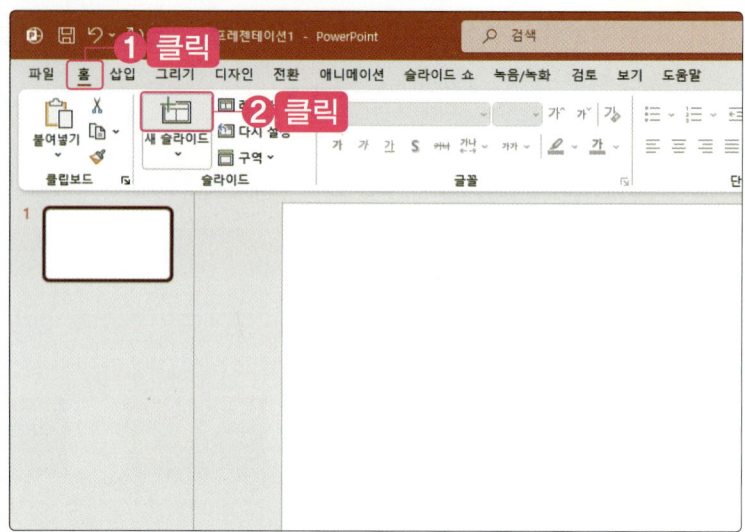

슬라이드 추가하고 삭제하기
〔홈〕 탭-〔슬라이드〕 그룹에서 〔새 슬라이드〕를 클릭하거나 다음과 같이 〔슬라이드〕 탭에서 슬라이드를 선택한 후 Enter 키를 누르면 슬라이드를 추가할 수 있고, Delete 키를 누르면 슬라이드를 삭제할 수 있어요.

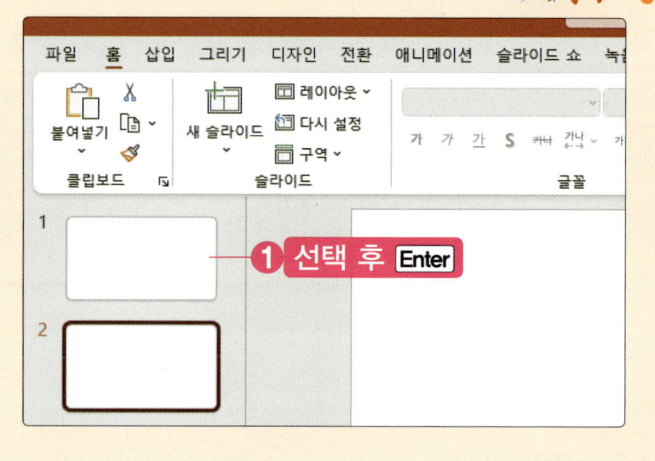

02 같은 방법으로 다음과 같이 슬라이드를 6장 더 추가해요.

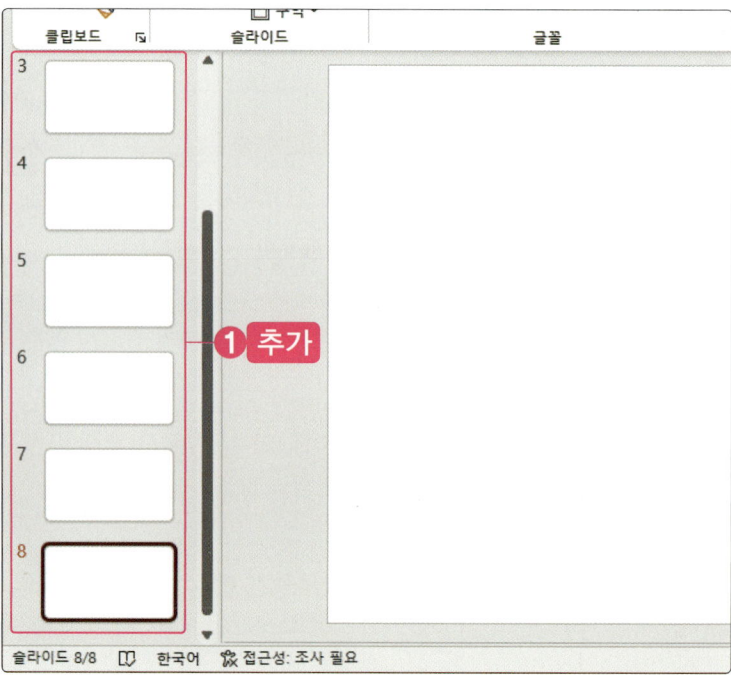

 ## 슬라이드 배경 바꾸기

01 1번 슬라이드로 이동한 후 슬라이드 창에서 마우스 오른쪽 버튼을 클릭한 다음 [배경 서식]을 클릭해요.

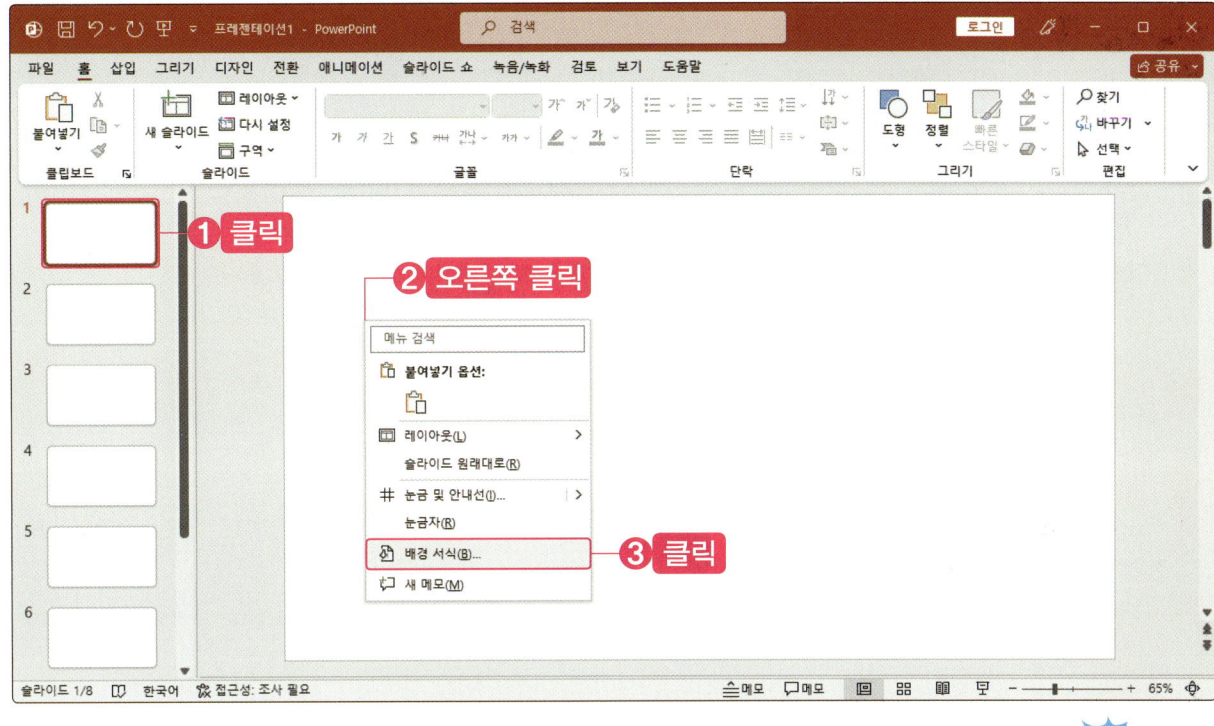

배경 서식은 슬라이드를 단색이나 질감/그림 등으로 채우거나 그림 효과를 지정하며 꾸미는 기능이에요.

02 [배경 서식] 작업 창이 표시되면 [채우기] 탭-[단색 채우기]-[빨강]을 클릭해요.

[모두 적용]을 클릭하면 모든 슬라이드에 선택한 배경 서식이 지정돼요.

03 같은 방법으로 각각의 슬라이드 배경색을 변경해요.

- 2번째 슬라이드 : 주황
- 3번째 슬라이드 : 노랑
- 4번째 슬라이드 : 녹색
- 5번째 슬라이드 : 파랑
- 6번째 슬라이드 : 진한 파랑
- 7번째 슬라이드 : 자주

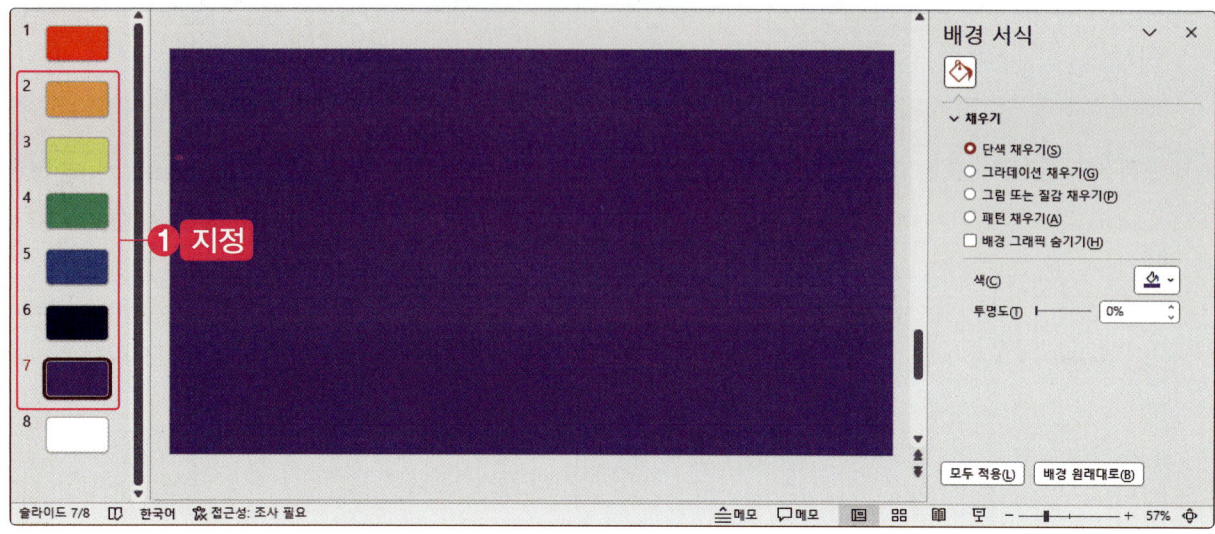

04 8번 슬라이드를 선택한 후 [배경 서식] 작업 창에서 [채우기] 탭-[그림 또는 질감 채우기]를 선택한 다음 [삽입]을 클릭해요.

05 [그림 삽입] 대화상자가 나타나면 [파일에서]를 클릭해요.

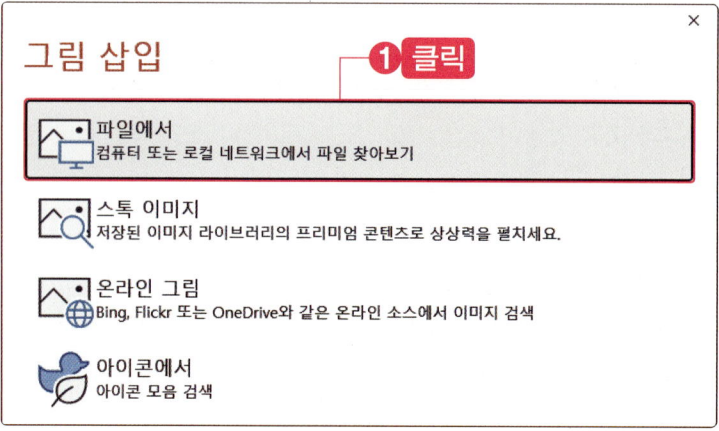

06 〔그림 삽입〕 대화상자가 나타나면 찾는 위치(C:\깨비뚝딱\파워포인트2021\1차시)를 지정한 후 그림(8번 슬라이드 배경.png)을 클릭한 다음 〔삽입〕을 클릭해요.

07 다음과 같이 배경 서식이 지정되면 〔배경 서식〕 작업 창을 닫기 위해 〔닫기〕를 클릭해요.

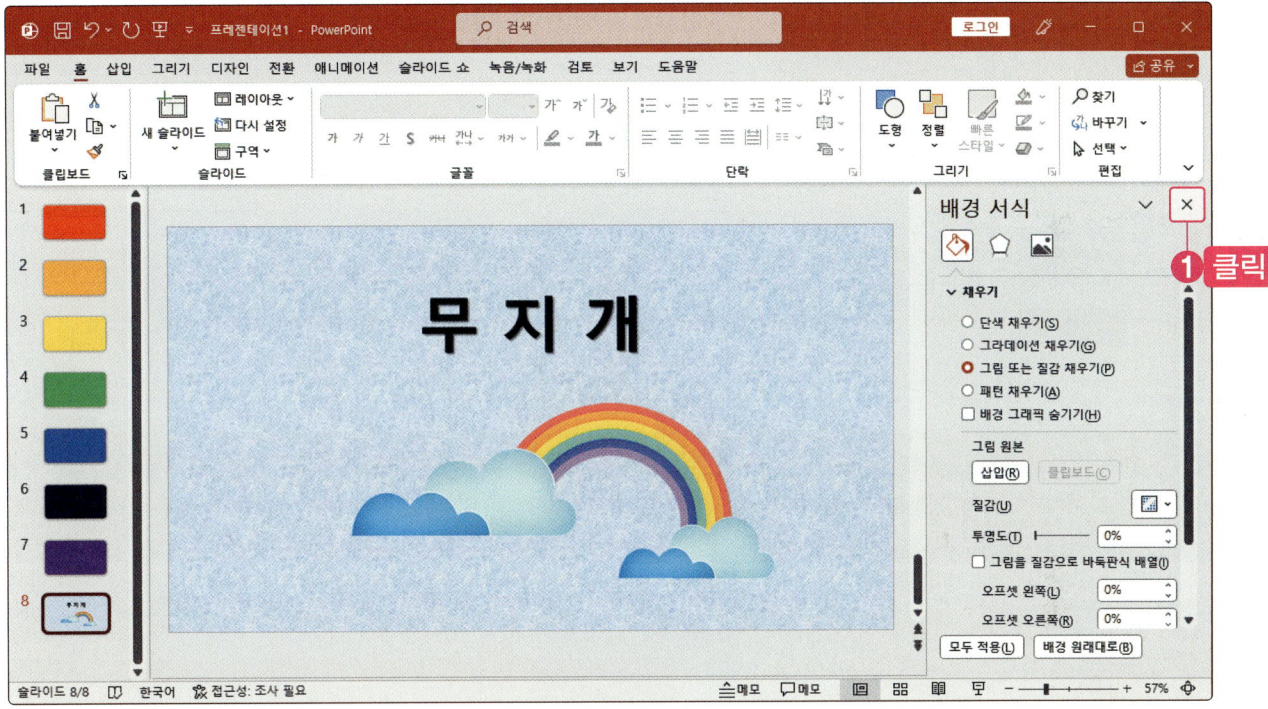

프레젠테이션 저장하기

문서를 저장하기 위해 〔파일〕 탭에서 〔다른 이름으로 저장〕을 클릭한 후 〔찾아보기〕를 클릭해요. 〔다른 이름으로 저장〕 대화상자가 나타나면 저장 위치를 지정한 후 파일 이름을 입력한 다음 〔저장〕을 클릭하면 프레젠테이션 문서를 저장할 수 있어요.

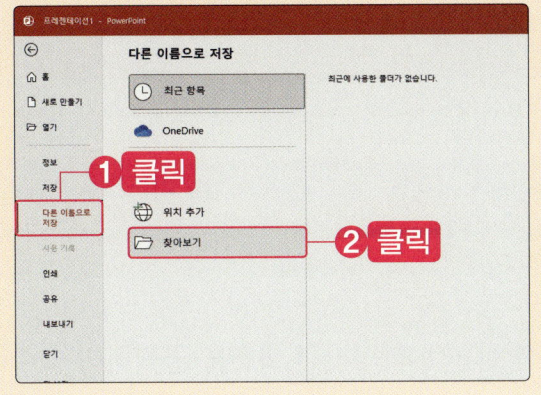 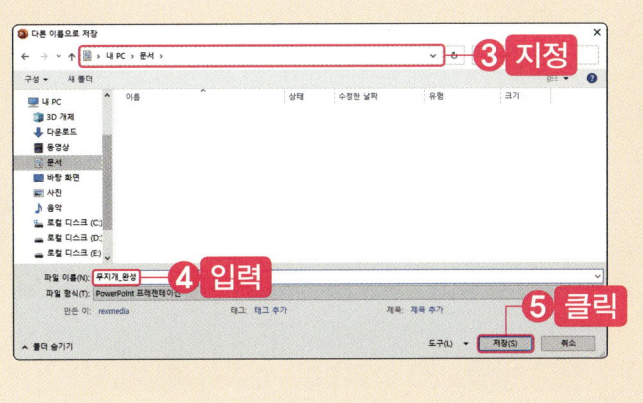

Lesson 01 • 무지개가 떴어요. 11

4 슬라이드 쇼 시작하기

01 슬라이드 쇼를 시작하기 위해 [슬라이드 쇼] 탭-[슬라이드 쇼 시작] 그룹에서 [처음부터(🖵)]를 클릭해요.

[슬라이드 쇼] 탭에서 [처음부터]를 클릭하거나 F5 키를 누르면 1번 슬라이드부터 슬라이드 쇼를 시작하고, [슬라이드] 탭에서 2번 슬라이드를 선택한 후 [슬라이드 쇼] 탭에서 [현재 슬라이드 부터]를 클릭하거나 Shift + F5 키를 누르면 2번 슬라이드부터 슬라이드 쇼를 시작해요.

02 1번 슬라이드가 전체 화면으로 나타나면 다음 슬라이드로 이동하기 위해 슬라이드를 클릭해요.

슬라이드를 클릭하거나 Enter 키, SpaceBar 키, PageDown 키를 누르면 다음 슬라이드로 이동하고, BackSpace 키나 PageUp 을 누르면 이전 슬라이드로 이동해요.

03 같은 방법으로 슬라이드 쇼를 진행하다가 검은 색 화면이 나타나면 화면을 클릭하여 슬라이드 쇼를 종료해요.

오늘 수업의 미션!

1 다음과 같이 새 프레젠테이션을 만든 후 레이아웃(빈 화면)을 변경한 다음 슬라이드를 추가하고 배경 속성을 지정해 보세요.

- 예제 파일 : '1차시' 폴더에 있는 그림
- 완성 파일 : 1차시\새와 구름_완성.pptx
- 슬라이드(빈 화면)를 4장 추가한 후 배경 서식을 지정
  - 1번 슬라이드 : 채우기(그림 또는 질감 채우기), 그림(C:\깨비뚝딱\파워포인트2021\1차시\슬라이드 배경1.png)
  - 2번 슬라이드 : 채우기(그림 또는 질감 채우기), 그림(C:\깨비뚝딱\파워포인트2021\1차시\슬라이드 배경2.png)
  - 3번 슬라이드 : 채우기(그림 또는 질감 채우기), 그림(C:\깨비뚝딱\파워포인트2021\1차시\슬라이드 배경3.png)
  - 4번 슬라이드 : 채우기(그림 또는 질감 채우기), 그림(C:\깨비뚝딱\파워포인트2021\1차시\슬라이드 배경4.png)
  - 5번 슬라이드 : 채우기(그림 또는 질감 채우기), 그림(C:\깨비뚝딱\파워포인트2021\1차시\슬라이드 배경5.png)

- [파일] 탭을 클릭한 후 [홈] 탭-[새프레젠테이션]을 클릭하면 새 프레젠테이션을 만들 수 있어요.
- 위 화면은 [보기] 탭-[프레젠테이션 보기] 그룹에서 [여러 슬라이드]를 클릭하여 프레젠테이션 보기를 여러 슬라이드 보기로 전환한 화면이에요.

2 다음과 같이 1번 슬라이드부터 슬라이드 쇼를 시작해 보세요.

Lesson 02

배울 수 있어요!
- 키보드의 주요 키의 위치와 기능을 익혀요.
- 빠진 키보드 키를 제 위치에 배치 시켜요.

키보드의 키가 빠졌어요.

파워포인트 프로그램을 빠르고 정확하게 사용하기 위해 단축키를 자주 사용하게 돼요. 이번 시간에는 파워포인트 프로그램에서 자주 사용하는 단축키와 주요 키에 대해 알아보고 키보드를 완성해 보도록 해요.

⚙ **예제 파일** : 2차시\키보드의 주요 키.pptx   ⚙ **완성 파일** : 2차시\키보드 주요 키_완성.pptx

키보드의 주요기능 알아보기

- **Esc** : 명령을 취소할 때 사용하는 키
- **Ctrl** : 개체나 도형을 복사할 때
- **F ㄹ** : 왼손 검지 손가락의 기본 자리
- **J ㅓ** : 오른손 검지 손가락의 기본 자리
- ☐ : 글자를 띄어 쓸 때 사용하는 키

도형에 글자를 삽입하고 도형 스타일을 지정할 수 있어요.

키보드를 완성하고 주요 키에 대해 학습해요.

14

 # 키보드의 주요 키 알아보기

01 파워포인트를 실행한 후 〔열기〕 탭을 클릭한 다음 〔찾아보기〕를 클릭해요. 그런다음 〔열기〕 대화 상자가 나타나면 열기 위치를 지정한 후 파일 이름(키보드의 주요 키.pptx)을 선택한 다음 〔열기〕를 클릭해요.

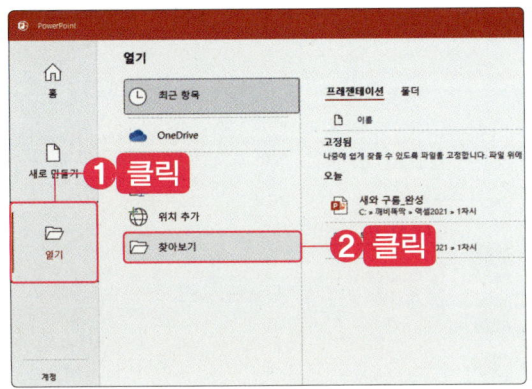
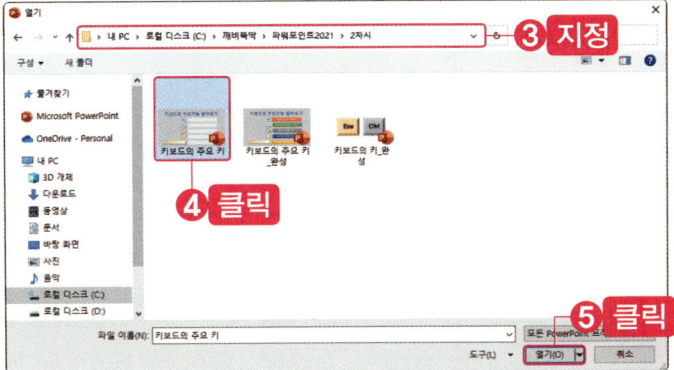

02 도형을 삽입하기 위해 〔삽입〕 탭-〔일러스트레이션〕 그룹에서 〔도형〕-〔사각형〕-〔사각형: 둥근 모서리(□)〕를 클릭해요.

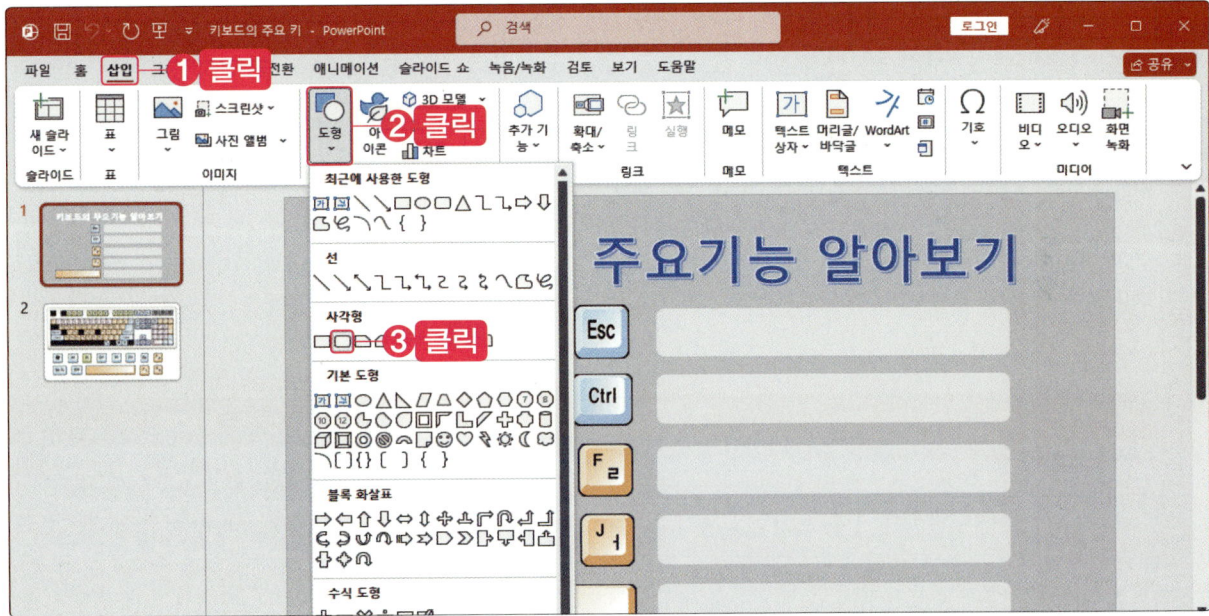

03 마우스 포인터가 + 모양으로 변경되면 다음과 같이 드래그하여 도형을 삽입해요.

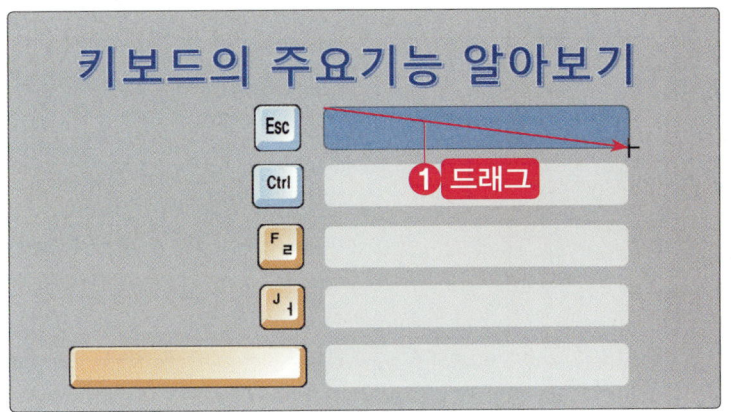

Lesson 02 • 키보드의 키가 빠졌어요. 15

04 [도형 서식] 정황 탭-[도형 스타일] 그룹에서 자세히(▼)를 클릭한 후 [보통 효과 - 주황, 강조2(Abc)]를 클릭해요.

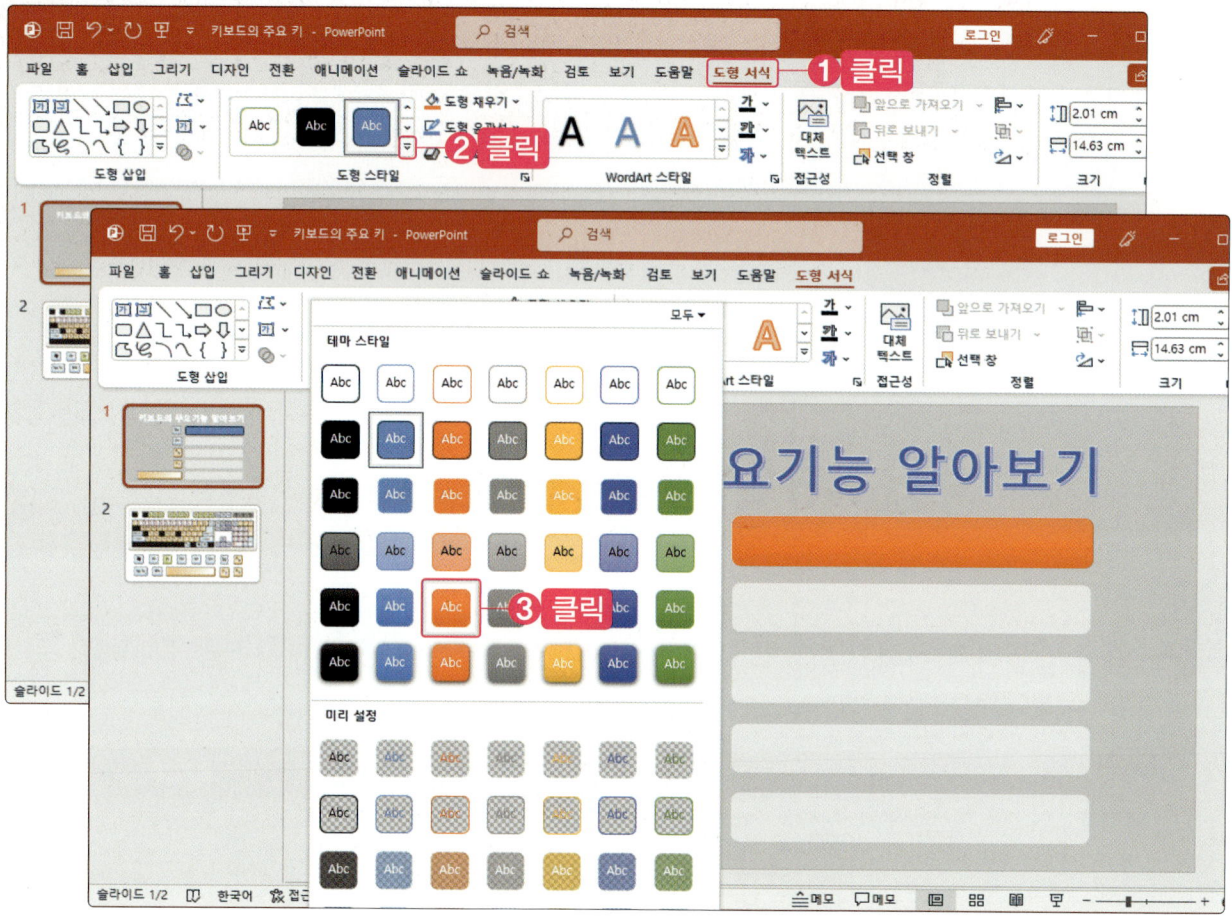

05 도형에 '명령을 취소할 때 사용하는 키'를 입력한 후 [홈] 탭-[글꼴] 그룹에서 글꼴과 글꼴 크기를 지정해요.

- 글꼴 : 휴먼옛체, 글꼴 크기 : 20

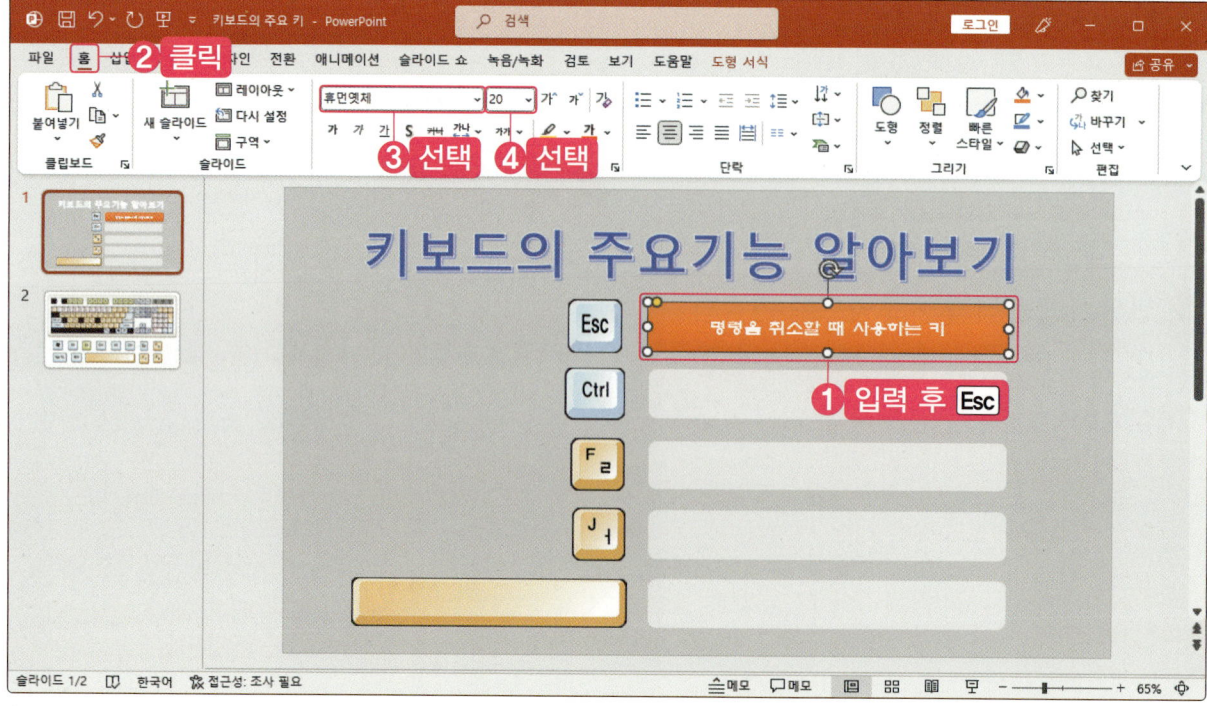

06 도형을 복사하기 위해 다음과 같이 Ctrl+Shift 키를 누른 상태에서 도형을 드래그해요.

- 도형을 선택한 후 Ctrl 키를 누른 상태에서 드래그하여 도형이 복사되고, Shift 키를 누른 상태에서 드래그 하면 수평이나 수직 방향으로 이동돼요.
- Ctrl 키를 누른 상태에서 도형으로 마우스 포인터를 가져가면 마우스 포인터 모양이  모양으로 변경되요

07 같은 방법으로 다음과 같이 도형을 3개 더 복사한 후 도형 텍스트를 수정한 다음 도형 스타일을 지정해요.
- 두 번째 도형 : 도형 스타일(보통 효과 – 녹색, 강조 6(Abc))
- 세 번째 도형 : 도형 스타일(보통 효과 – 회색, 강조 3(Abc))
- 네 번째 도형 : 도형 스타일(보통 효과 – 파랑, 강조 5(Abc))
- 다섯 번째 도형 : 도형 스타일(보통 효과 – 황금색, 강조 4(Abc))

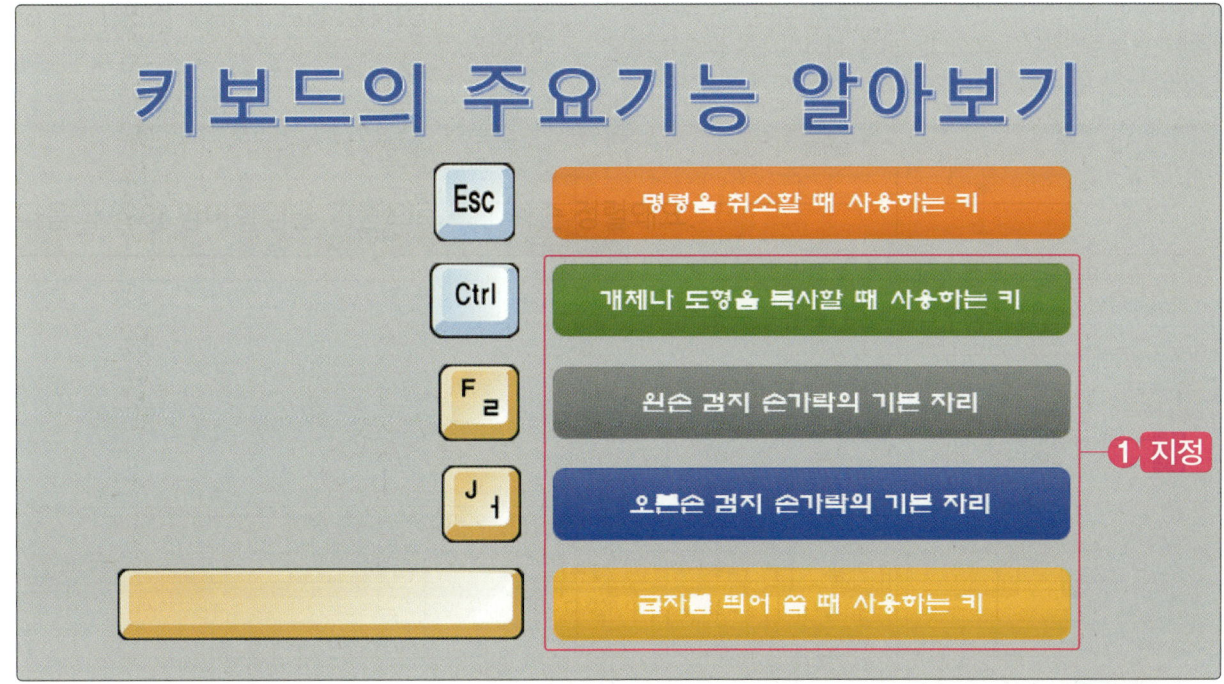

도형을 선택한 후 Delete 키를 누르면 도형을 삭제할 수 있어요.

키보드에 키 이미지 배치하기

01 〔슬라이드〕 탭에서 2번 슬라이드를 클릭한 후 Esc 키 이미지를 드래그하여 이동해요.

Esc 키 이미지로 마우스 포인터를 가져가서 마우스 포인터가 모양으로 변경되었을 때 클릭하면 Esc 키 이미지를 선택할 수 있고, 드래그하면 Esc 키 이미지를 이동할 수 있어요.

02 Esc 키 이미지가 이동되면 다음과 같이 Esc 키 이미지의 크기를 조절해요.

Esc 키 이미지의 크기 조절점(O)을 드래그하면 Esc 키 이미지의 크기를 조절 할 수 있어요.

03 같은 방법으로 다음과 같이 나머지 키 이미지를 이동한 후 크기를 조절하여 키보드에 키 이미지를 배치해요.

① 다음은 키보드의 주요 키와 설명이에요. 키보드의 주요 키와 설명을 알맞게 연결해 보세요.

- Esc 키 •　　　　　　　　• 개체를 복사할 때 사용하는 키
- Ctrl 키 •　　　　　　　　• 명령을 취소할 때 사용하는 키
- F 키 •　　　　　　　　• 오른손 검지의 기본 자리
- J 키 •　　　　　　　　• 왼손 검지의 기본자리
- SpaceBar 키 •　　　　　　　　• 글자를 띄어 쓸 때 사용하는 키

② 다음과 같이 새 프레젠테이션을 만든 후 레이아웃(빈 화면)을 변경한 다음 도형을 사용하여 키보드의 키를 만들어 보세요.

- 예제 파일 : 없음　　■ 완성 파일 : 2차시\키보드의 키_완성.pptx
- 도형을 사용하여 키보드의 키를 만듦
  - 첫 번째 도형
    - 도형 : 도형(빗면(▢)), 도형 스타일(미세 효과 – 황금색, 강조 4(Abc))
    - 도형 텍스트 : 글꼴(휴먼엑스포), 글꼴 크기(80)
  - 두 번째 도형
    - 도형 : 도형(빗면(▢)), 도형 스타일(미세 효과 – 회색, 강조 3(Abc))
    - 도형 텍스트 : 글꼴(휴먼엑스포), 글꼴 크기(80)

Lesson 03

- 내 캐릭터를 만들 수 있어요.
- 내 캐릭터를 그룹화 할 수 있어요.
- 내 캐릭터를 그림 파일로 저장할 수 있어요.

내 캐릭터를 만들어요♥

얼굴, 눈, 코, 입 등의 이미지를 조합하면 다양한 표정의 내 캐릭터를 만들 수 있는데요. 내 캐릭터는 자기 소개글이나 내 캐릭터 이름표 등에 활용할 수 있답니다. 그럼, 이번 시간에는 내 캐릭터를 만드는 방법, 내 캐릭터를 그룹화하는 방법, 내 캐릭터를 그림 파일로 저장하는 방법에 대해 알아볼게요.

✿ 예제 파일 : 3차시\그림 조각   ✿ 완성 파일 : 3차시\내캐릭터-1_완성.pptx

각각의 폴더에서 알맞은 그림을 찾아 그림 조각을 가져올 수 있어요.

나의 개성을 찾아 나만의 특별한 캐릭터를 만들어요.

 **나만의 개성있는 캐릭터 만들기**

01 새 프레젠테이션을 만든 후 레이아웃(빈 화면)을 변경해요.

02 레이아웃이 변경되면 얼굴 이미지를 삽입하기 위해 〔삽입〕 탭-〔이미지〕 그룹에서 〔그림〕-〔이 디바이스〕를 클릭해요.

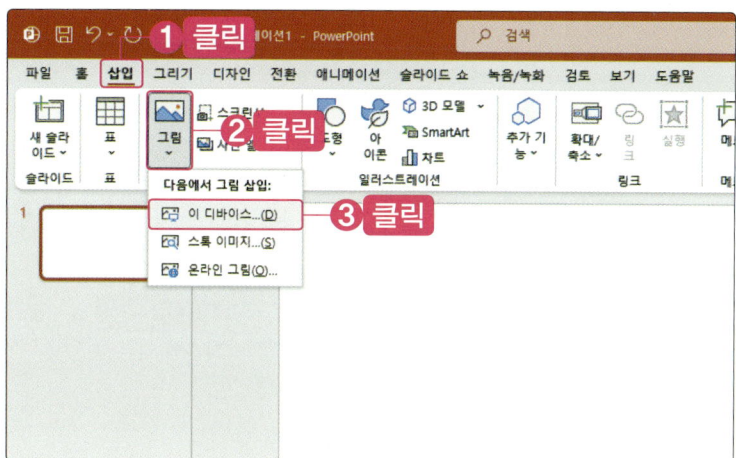

03 〔그림 삽입〕 대화상자가 나타나면 〔3차시\1. 얼굴〕 폴더에서 자기 얼굴 모양 그림을 선택한 후 〔삽입〕을 클릭해요.

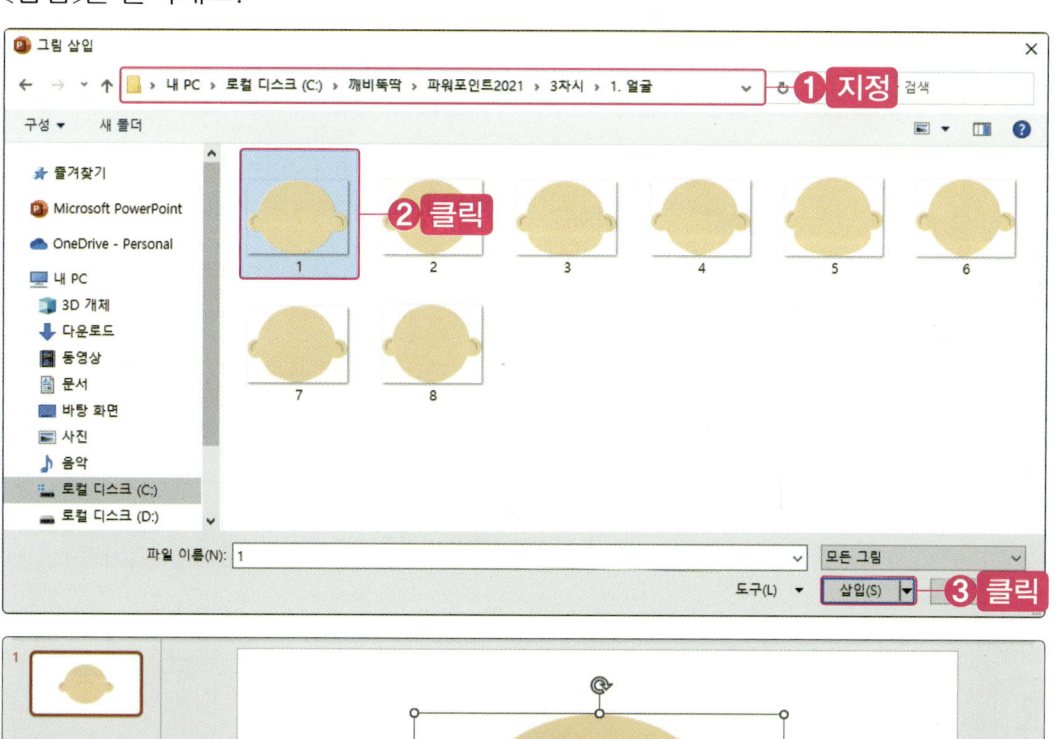

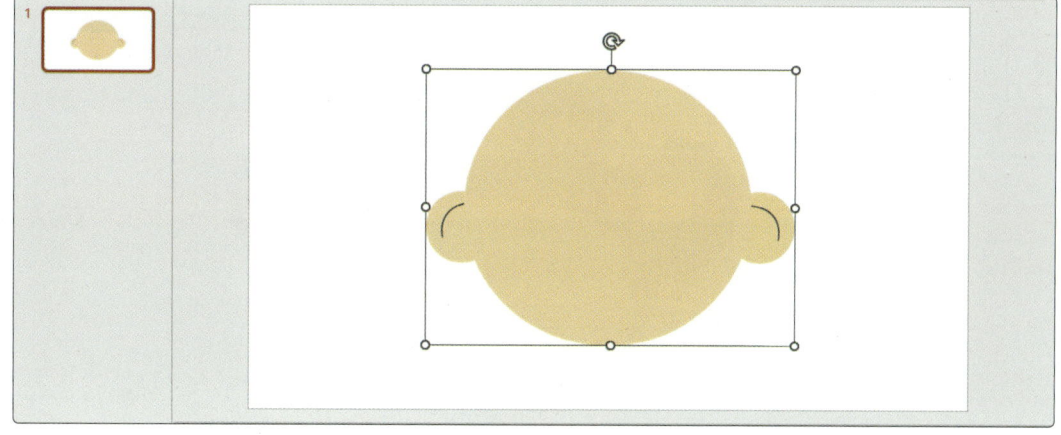

Lesson 03 • 내 캐릭터를 만들어요. **21**

04 얼굴 이미지가 삽입되면 머리 스타일을 삽입하기 위해 [삽입] 탭-[이미지] 그룹에서 [그림]-[이 디바이스]를 클릭해요.

05 [그림 삽입] 대화상자가 나타나면 [3차시\3. 머리 스타일] 폴더에서 자기와 비슷한 머리 스타일 이미지(여기서는 32.png)를 선택한 다음 [삽입]을 클릭해요.

'3. 머리 스타일' 폴더로 이동하기
다음과 같이 [한 수준 위(3차시)]를 클릭하여 '1. 얼굴' 폴더의 상위 폴더(한 단계 위에 있는 폴더)인 '3차시' 폴더로 이동한 후 '3. 머리 스타일' 폴더를 더블클릭하면 '3. 머리 스타일' 폴더로 쉽고 빠르게 이동할 수 있어요.

06 머리 스타일 이미지가 삽입되면 다음과 같이 머리 스타일을 이동한 후 크기를 조절해요.

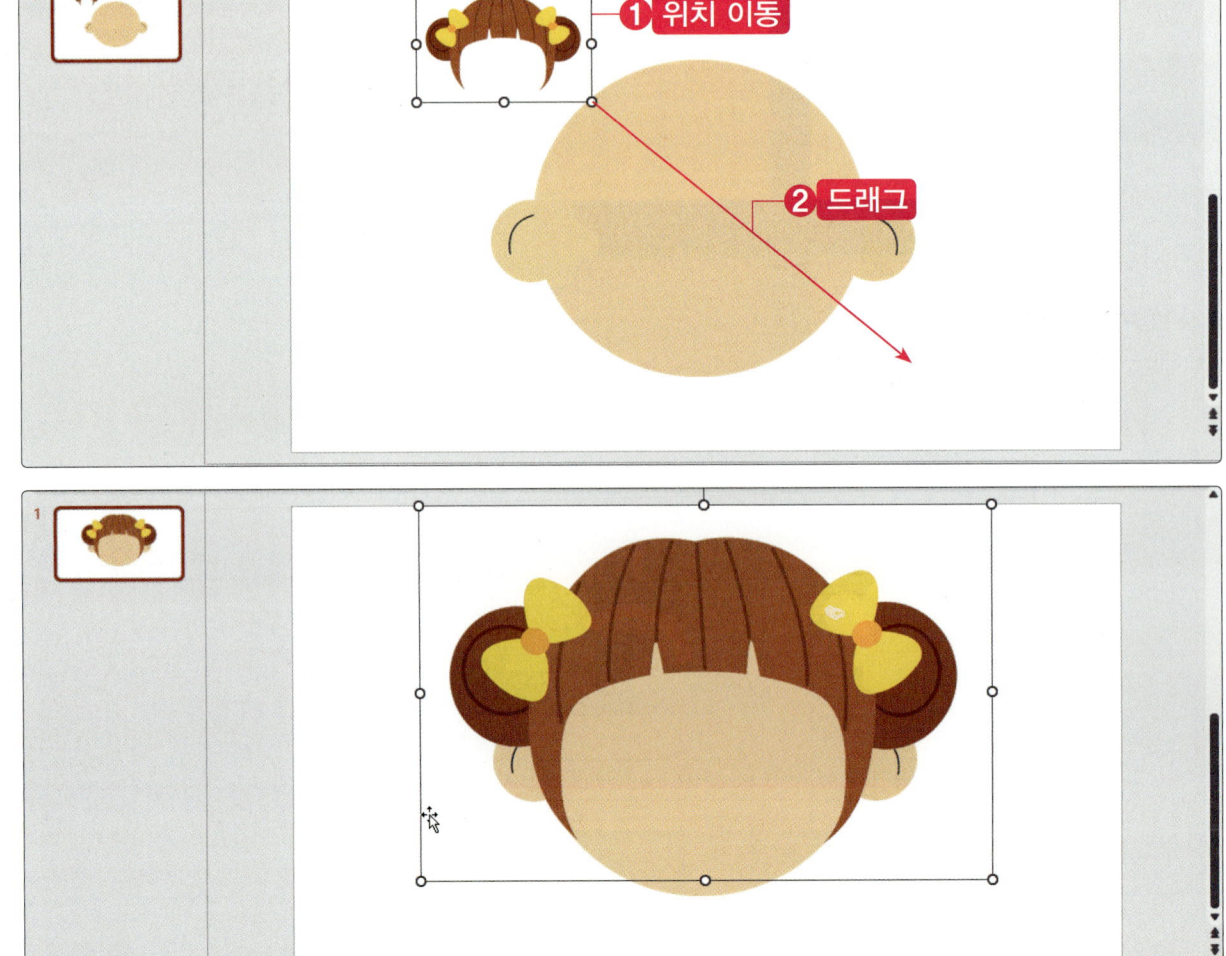

07 같은 방법으로 다음과 같이 자기와 비슷한 눈, 코, 입 이미지를 삽입하여 캐릭터를 만들어요.

이미지를 선택한 후 Delete 키를 누르면 이미지를 삭제할 수 있어요.

2 내 캐릭터 그룹화하기

01 내 캐릭터를 그룹화하기 위해 다음과 같이 내 캐릭터를 드래그하여 선택한 후 〔그림 서식〕 정황 탭-〔정렬〕 그룹에서 〔개체 그룹화〕-〔그룹〕을 클릭해요.

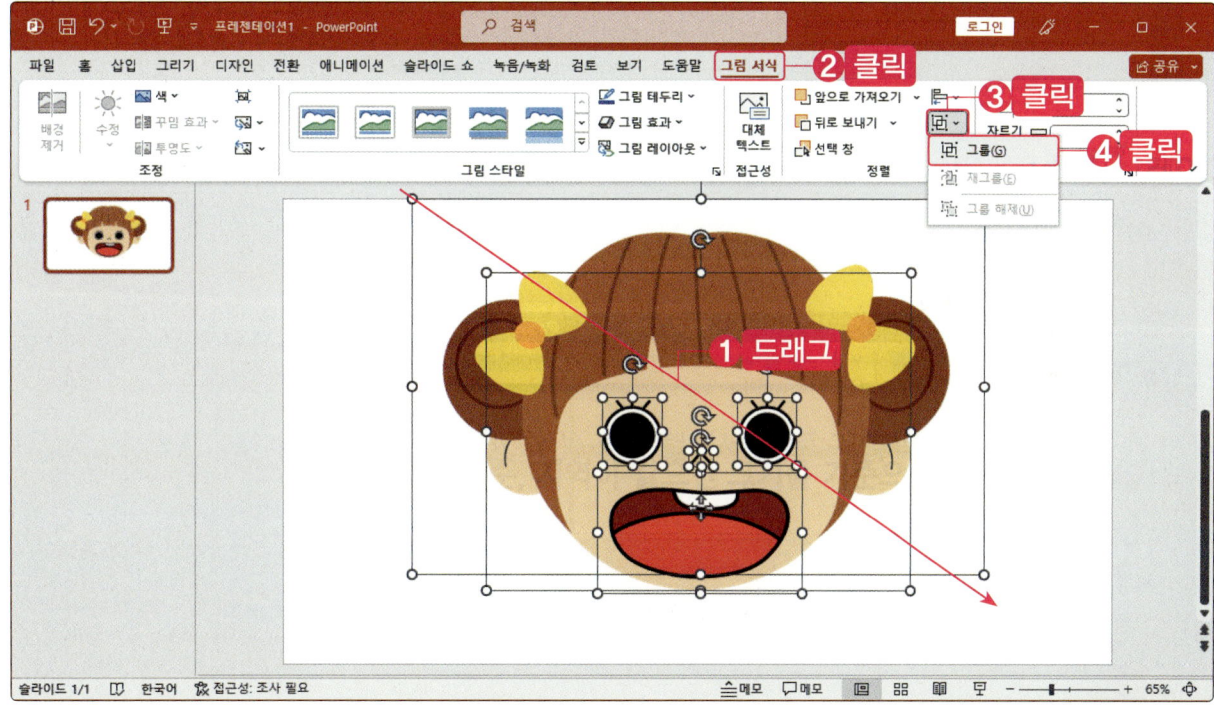

- 그룹은 선택한 개체를 합쳐서 하나의 개체로 만드는 것을 말해요.
- 내 캐릭터를 드래그하여 선택한 후 〔그림 서식〕 정황 탭-〔정렬〕 그룹에서 〔개체 그룹화〕-〔그룹〕을 클릭하거나 Ctrl+G 키를 누르면 내 캐릭터를 그룹화할 수 있고, 그룹화된 내 캐릭터를 선택한 후 〔그림 서식〕 정황 탭-〔정렬〕 그룹에서 〔개체 그룹화〕-〔그룹 해제〕를 클릭하거나 Ctrl+Shift+G 키를 누르면 그룹화된 내 캐릭터를 그룹 해제할 수 있어요.

02 내 캐릭터가 그룹화돼요.

Lesson 03 • 내 캐릭터를 만들어요. 23

3 내 캐릭터 그림 파일로 저장하기

01 내 캐릭터를 그림 파일로 저장하기 위해 내 캐릭터 위에서 마우스 오른쪽 버튼을 클릭한 후 [그림으로 저장]을 클릭해요.

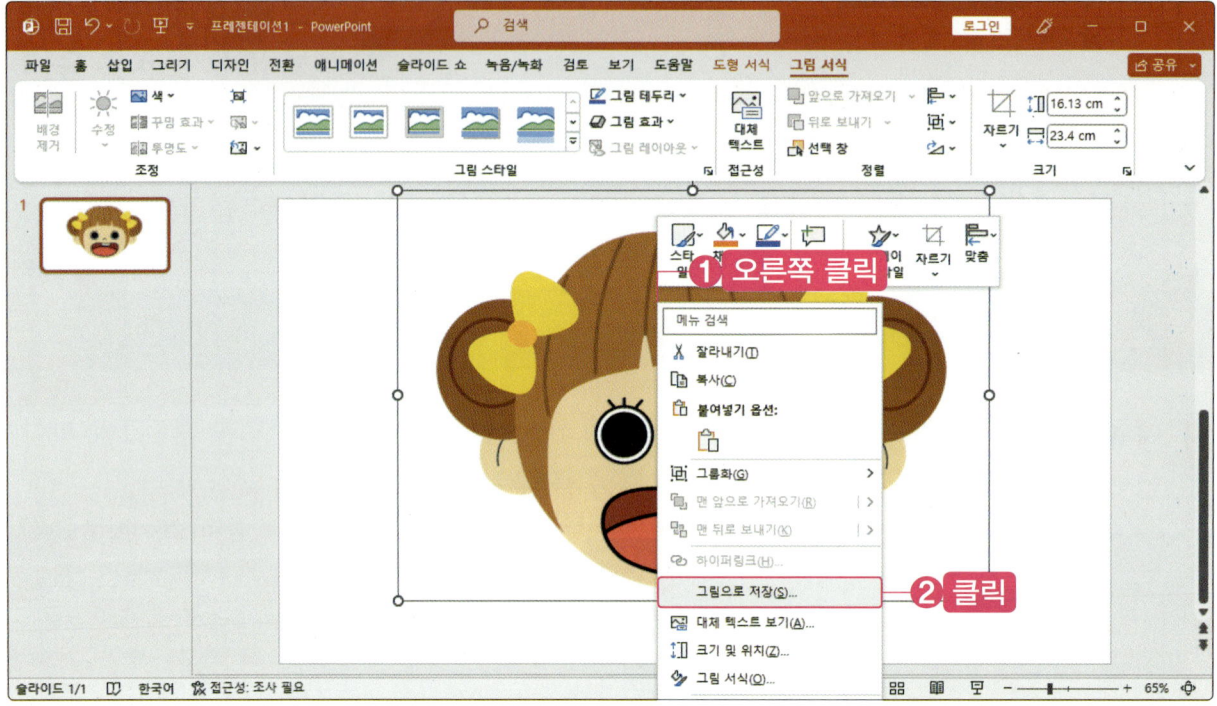

02 [그림으로 저장] 대화상자가 나타나면 저장 위치(내 PC\문서)를 지정한 후 파일 이름(김이쁜-1)을 입력한 다음 [저장]을 클릭해요.

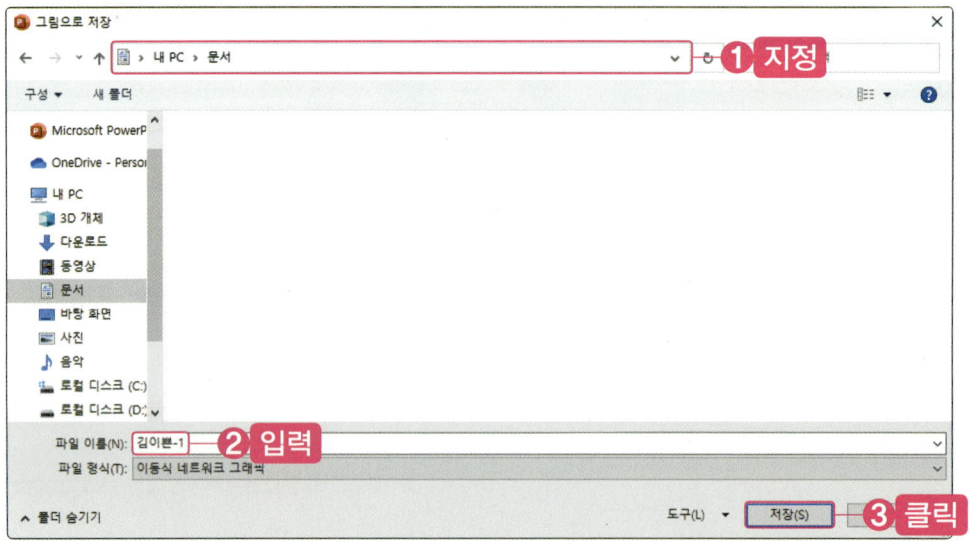

> 파일 이름은 '김이쁜-1'과 같이 '자기 이름-1' 형식으로 입력해요.

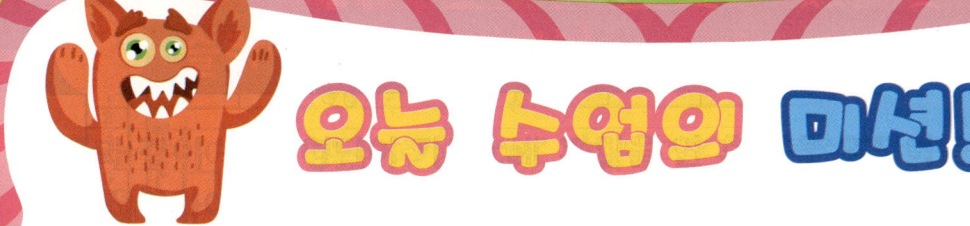

① 다음과 같이 새 프레젠테이션을 만든 후 레이아웃(빈 화면)을 변경한 다음 다른 표정의 내 캐릭터를 만들고 내 캐릭터를 그림 파일로 저장해 보세요.

- 예제 파일 : '3차시' 폴더의 하위 폴더에 있는 이미지　■ 완성 파일 : 3차시\내 캐릭터-2_완성.pptx
- 얼굴, 눈, 코, 입 등의 이미지를 조합하여 다른 표정의 내 캐릭터를 만든 후 내 캐릭터를 그룹화
- 내 캐릭터를 그림 파일로 저장 : 저장 위치(내 PC리\문서), 파일 이름(김이쁜-2)

> 파일 이름은 '김이쁜-2'와 같이 '자기 이름-2' 형식으로 입력해요.

② 다음과 같이 새 프레젠테이션을 만든 후 레이아웃(빈 화면)을 변경한 다음 친구 캐릭터를 만들고 친구 캐릭터를 그림 파일로 저장해 보세요.

- 예제 파일 : '3차시' 폴더의 하위 폴더에 있는 이미지　■ 완성 파일 : 3차시\친구 캐릭터_완성.pptx
- 얼굴, 눈, 코, 입 등의 이미지를 조합하여 친구 캐릭터를 만든 후 친구 캐릭터를 그룹화
- 친구 캐릭터를 그림 파일로 저장 : 저장 위치(내 PC리\문서), 파일 이름(이멋진)

> 파일 이름은 '이멋진'과 같이 '친구 이름' 형식으로 입력해요.

Lesson 04

배울 수 있어요!
◆ 테마를 지정할 수 있어요.
◆ 글 상자를 원하는 위치에 배치할 수 있어요.
◆ 글꼴 서식을 지정할 수 있어요.

내 소개하기

내가 만든 캐릭터를 활용하여 문서를 작성하고 활용 할 예정이에요. 나를 소개하는 문서에 내 캐릭터를 사진 대신 삽입 할 예정이에요. 슬라이드의 원하는 위치에 글상자를 넣어 나를 소개하는 소개문을 만들어 보세요. 개성있고 재미있는 소개글을 만들면 친구들에게도 많은 관심을 받을수 있을꺼예요.

✿ 예제 파일 : 없음   ✿ 완성 파일 : 4차시\자기소개_완성.pptx

 김이쁜

렉스초등학교 1학년 1반

 고집이 세고

이빨 닦는 것을 싫어하지만,
노래는 잘함.

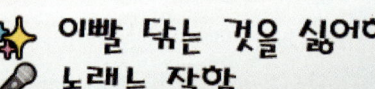 수학문제만 풀면 머리가 아픔
엄마가 그러시는데, 약이 없어서 주사 맞아야 한다고 함.

친구들이 목소리 크다고 맨날 작게 말하라고 함.

> 슬라이드에 내가 원하는 위치에 글자를 넣을 수 있어요.

> 글꼴 서식을 설정하고 윈도우 이모지 글자를 삽입할 수 있어요.

 **캐릭터를 삽입하고 디자인 적용하기**

01 새 프레젠테이션을 만든 후 레이아웃(빈 화면)을 변경해요.

02 레이아웃이 변경되면 내 캐릭터 이미지를 삽입하기 위해 〔삽입〕 탭-〔이미지〕 그룹에서 〔그림〕-〔이 디바이스〕를 클릭해요.

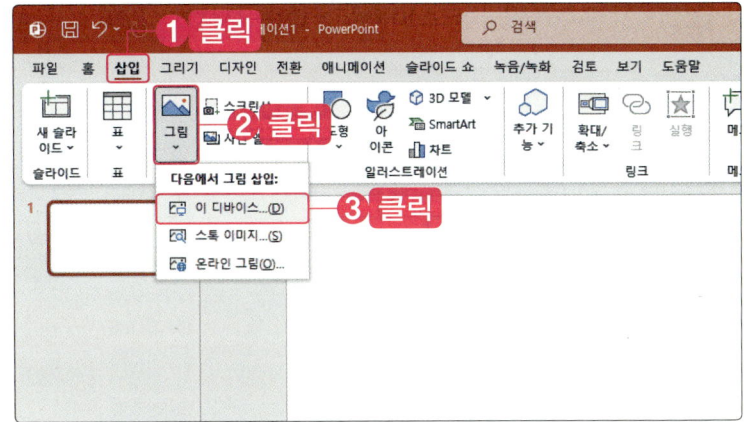

03 〔그림 삽입〕 대화상자가 나타나면 〔4차시〕 폴더에서 내 캐릭터(김이쁜-2) 이미지를 선택한 후 〔삽입〕을 클릭해요.

04 그림이 삽입되면 크기 및 위치를 조절해요.

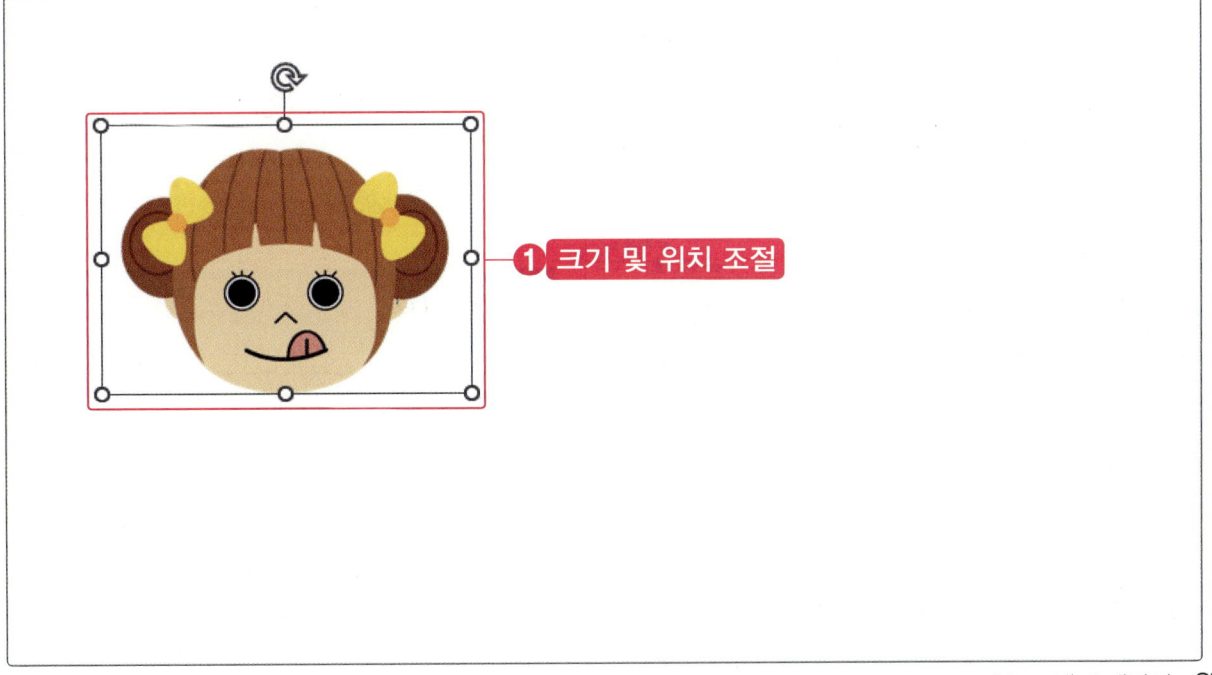

Lesson 04 · 내 소개하기

05 테마를 지정하기 위해 〔디자인〕 탭-〔테마〕 그룹에서 〔자세히( )〕를 클릭한 후 '물방울( )' 테마를 클릭해요.

2 자기 소개글 입력하기

01 〔삽입〕 탭-〔텍스트〕 그룹에서 〔텍스트 상자( )〕를 클릭한 후 슬라이드에 글자를 입력하고자 하는 위치를 클릭한 다음 자기 소개글을 입력해요.

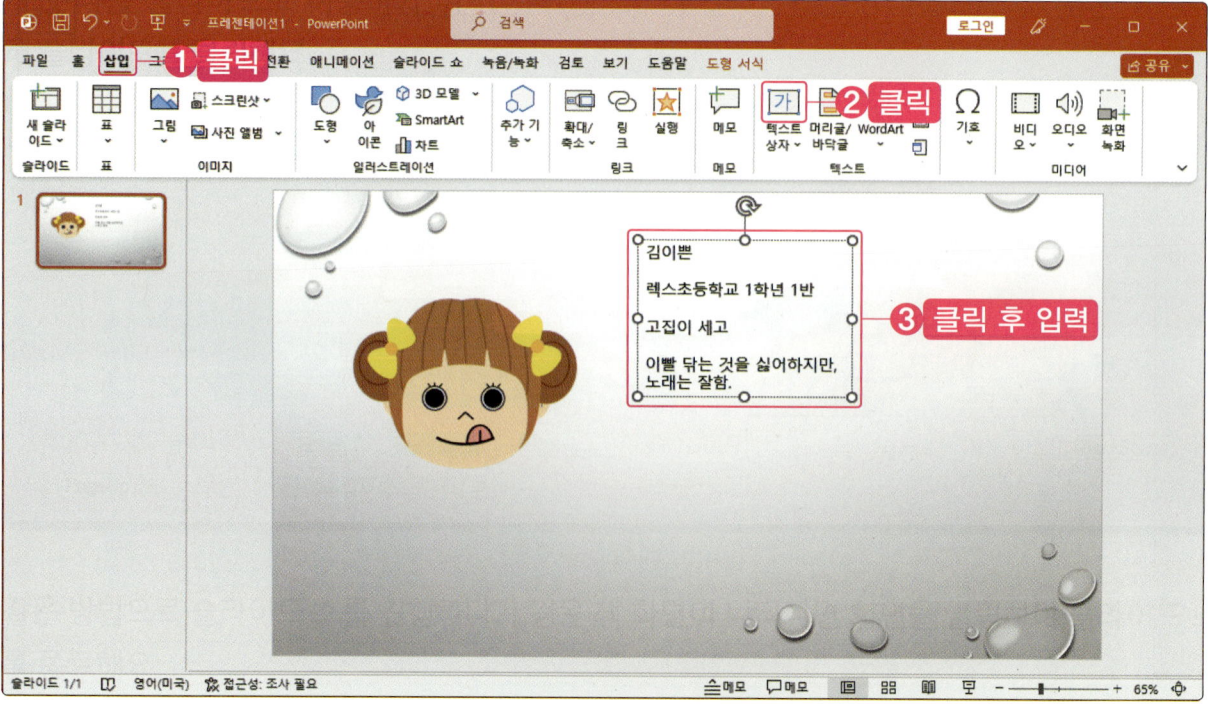

02 같은 방법으로 다음과 같이 가로 글상자를 1개 더 삽입한 후 나머지 자기 소개글을 입력해요.

03 이모지를 삽입할 위치를 클릭한 후 ⊞+. 키를 누른 다음 삽입하고 싶은 이모지를 선택해요.

- 이모지 : 윈도우 로고키(⊞)+.

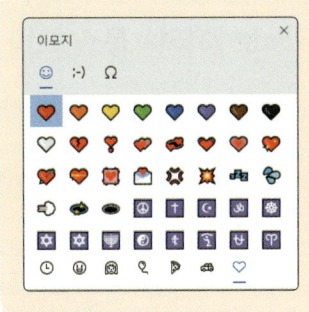

이모지(⊞+.)
글자를 입력하는 입력란에 입력할 수 있는 그림문자, 특수문자, 아이콘을 뜻해요. ☺ ;-) Ω 이모지의 종류와 🕐 😀 📷 🔍 🏁 🚗 ♡ 이모지의 카테고리를 잘 활용하여 사용하고 싶은 이미지를 찾아 사용해요.

Lesson 04 • 내 소개하기 29

3 글꼴 서식 지정하기

01 입력된 글자에 서식을 지정하기 위해 내용을 블록으로 설정한 후 [홈] 탭-[글꼴] 그룹에서 글꼴, 글꼴 크기, 글꼴 색을 지정해요.

- 글꼴 : 휴먼옛체, 글꼴 크기 : 48, 글꼴 색 : 연한 파랑

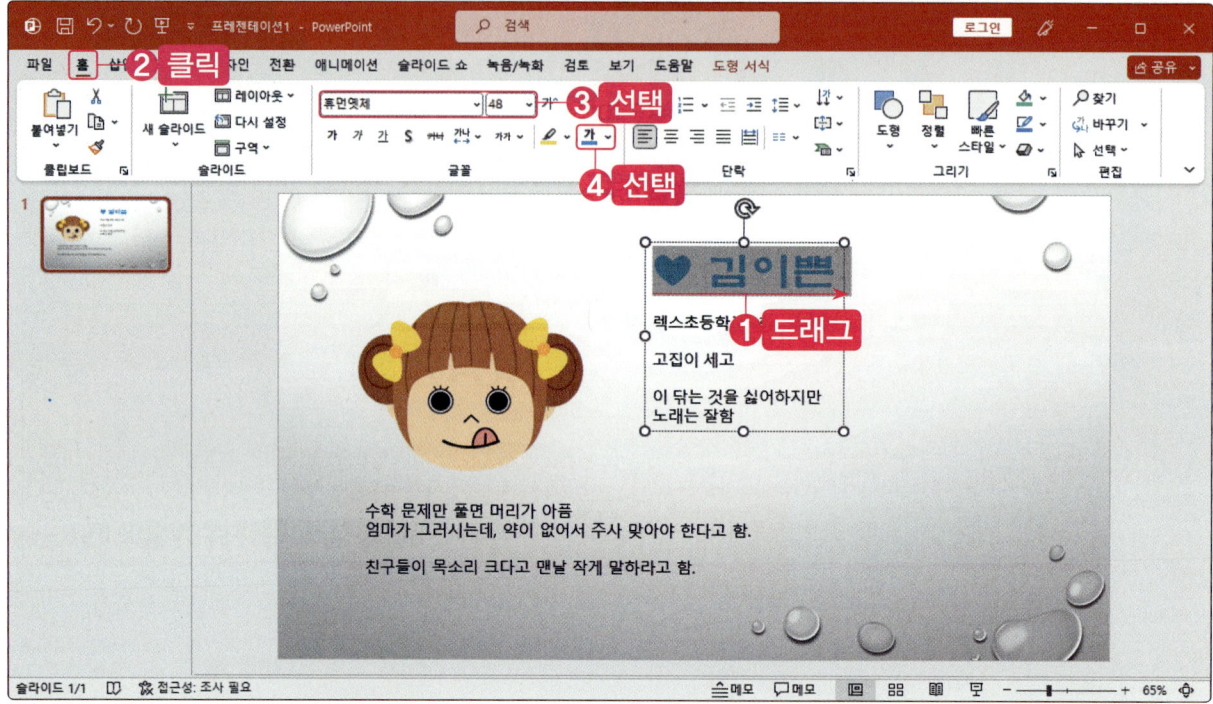

02 나머지 자기 소개하는 글에 자기가 원하는 색과 글꼴로 예쁘게 변경한 후 배치해 보아요.

글자에 서식을 지정할 때는 제일 먼저 블록으로 설정하고 글꼴 서식을 바꿔야 해요.

① 다음 (4차시) 폴더의 '곰세마리.pptx' 파일을 열고 다음 글꼴 서식을 변경해 보아요.

- 예제 파일 : 4차시\곰세마리.pptx
- 완성 파일 : 4차시\곰세마리_완성.pptx

제목 : 글꼴(휴먼둥근헤드라인), 글꼴 크기(44), 글꼴 색(자주)
1. 내용 : 글꼴(휴먼편지체), 글꼴 속성(기울임꼴), 글꼴 크기(24), 글꼴 색(녹색)
2. 내용 : 글꼴(궁서체), 글꼴 속성(텍스트 그림자), 글꼴 크기(28), 글꼴 색(파랑)
3. 내용 : 글꼴(돋움), 글꼴 속성(밑줄), 글꼴 크기(24), 글꼴 색(빨강)
4. 내용 : 글꼴(휴먼매직체), 글꼴 속성(굵게), 글꼴 크기(32), 글꼴 색(연한녹색)
5. 내용 : 글꼴(굴림), 글꼴 속성(텍스트 그림자), 글꼴 크기(28), 글꼴 색(주황)
6. 내용 : 글꼴(맑은 고딕), 글꼴 속성(굵게, 기울임꼴, 텍스트 그림자), 글꼴 크기(28), 글꼴 색(황금색, 강조 4)

Lesson 05

배울 수 있어요!
- 도형에 글자를 입력하고 서식을 지정할 수 있어요.
- 도형 서식을 지정할 수 있어요.
- 그룹화하고 정렬 복사해요.

캐릭터 이름표 만들기

내 캐릭터와 도형을 사용하면 멋진 내 캐릭터 이름표를 만들 수 있는데요. 내 캐릭터 이름표는 사물함이나 신발장 등에 활용할 수 있답니다. 그럼, 이번 시간에는 내 캐릭터 이름표를 만드는 방법과 내 캐릭터 이름표를 그룹화하고 복사하여 배치하는 방법에 대해 알아볼게요.

🌼 예제 파일 : 5차시\김이쁨.png   🌼 완성 파일 : 5차시\캐릭터 이름표_완성.pptx

> 캐릭터 이미지와 도형으로 이름표 이미지를 만들어요.

> 도형에 글자를 입력하고 서식을 지정해요.

> 내 캐릭터 이름표를 그룹화하고 복사하여 배치해요.

내 캐릭터 이름표 만들기

01 새 프레젠테이션을 만든 후 레이아웃(빈 화면)을 변경해요.

02 레이아웃이 변경되면 다음과 같이 내 캐릭터를 삽입한 후 크기를 조절해요.
- 내 캐릭터 : 찾는 위치(C:\깨비뚝딱\파워포인트2021\5차시), 그림(김이쁜.png)

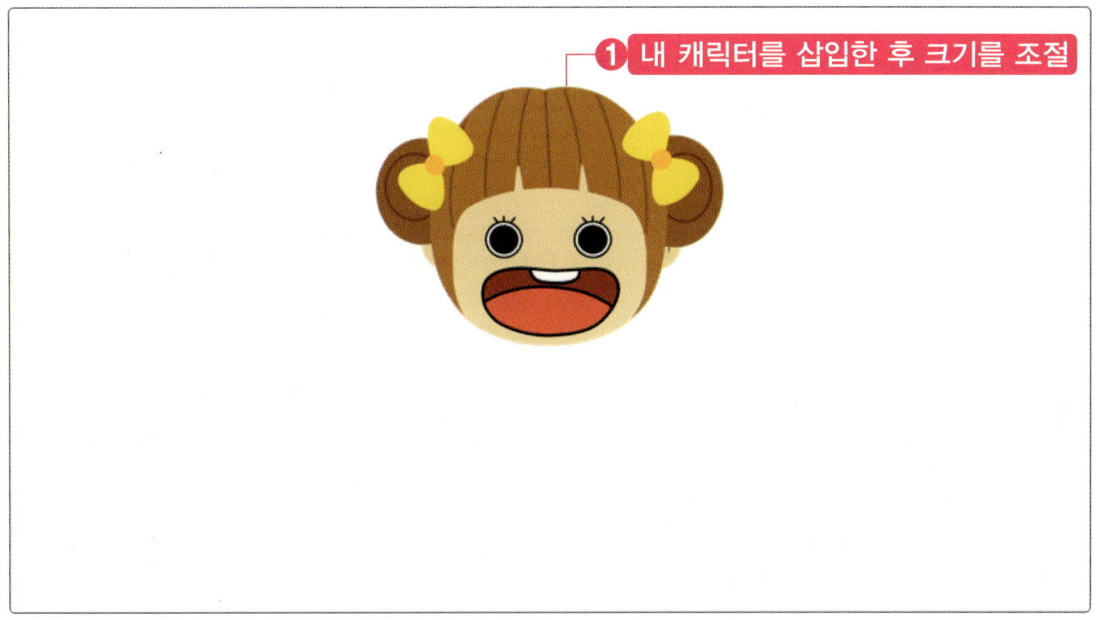

03 도형을 삽입하기 위해 [삽입] 탭-[일러스트레이션] 그룹에서 [도형]-[사각형: 둥근 모서리(⬜)]를 클릭한 후 드래그하여 도형을 작성해요.

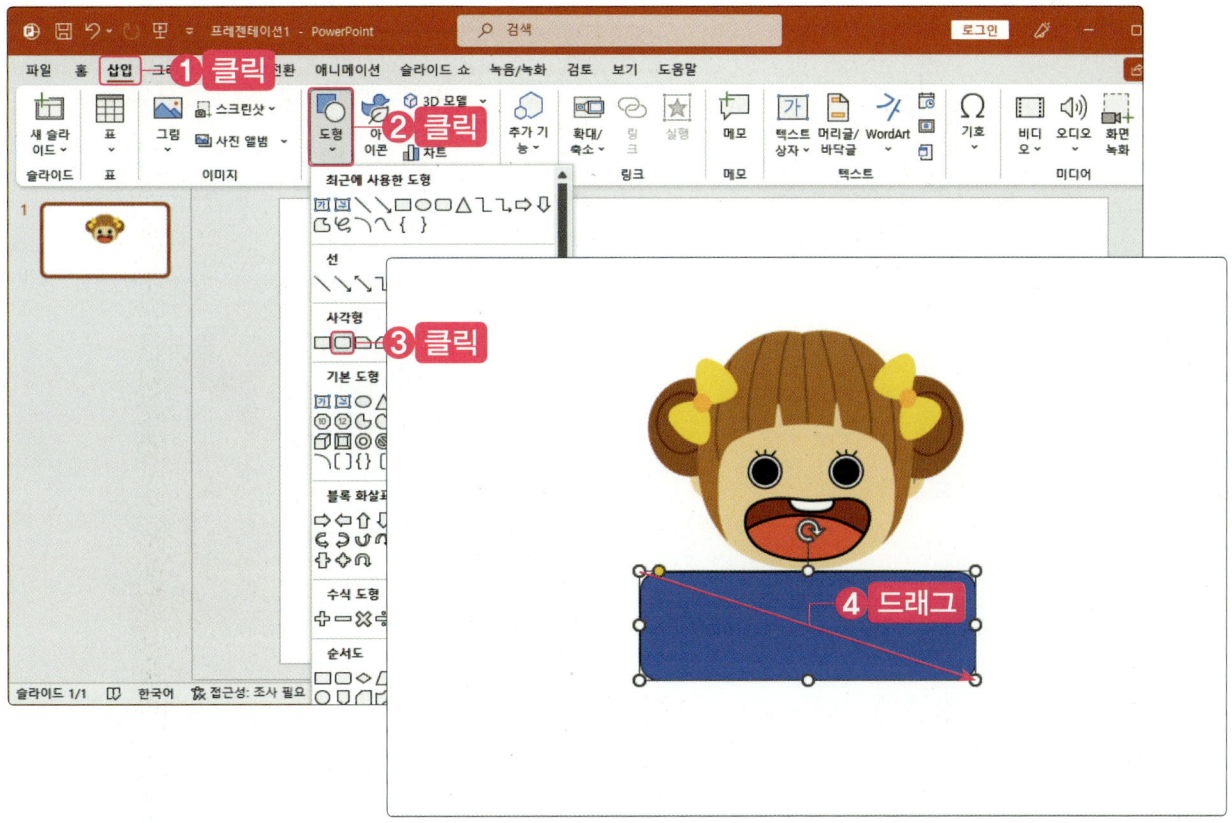

Lesson 05 • 캐릭터 이름표 만들기

04 〔도형 서식〕 정황 탭-〔도형 스타일〕 그룹에서 〔밝은 색 1 윤곽선, 색 채우기 - 황금색, 강조 4(Abc)〕를 선택해요.

05 도형을 하나더 복사(Ctrl+드래그)한 후 〔도형 서식〕 정황 탭-〔도형 스타일〕 그룹에서 〔색 윤곽선 - 주황, 강조 2(Abc)〕를 선택해요.

06 복사한 도형의 크기를 조절(뒤에 있는 도형의 정가운데)한 후 〔도형 서식〕 정황 탭-〔도형 스타일〕 그룹에서 〔도형 윤곽선〕-〔두께〕-〔3pt〕를 클릭해요.

07 〔도형 서식〕 정황 탭-〔도형 스타일〕 그룹에서 〔도형 윤곽선〕-〔대시〕-〔사각 점선(……)〕을 클릭해요.

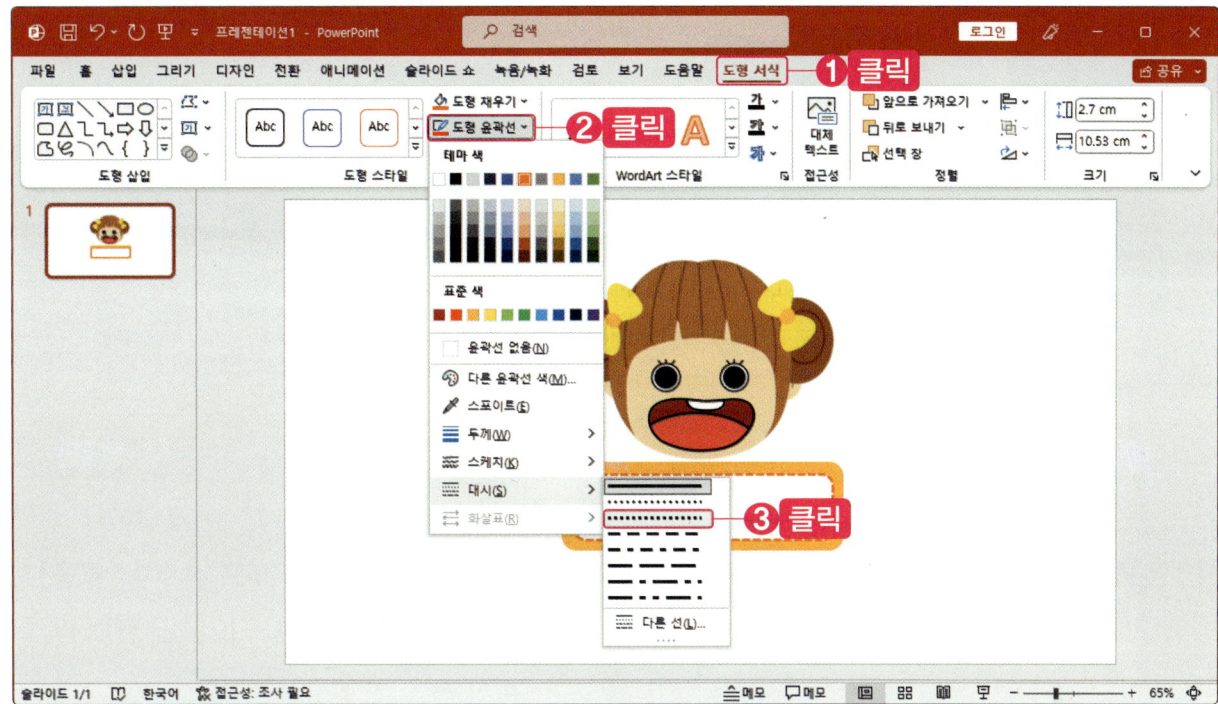

08 도형을 선택한 후 '자기 이름'을 입력한 다음 글꼴 서식을 선택해요.
- 글꼴 : 휴먼옛체, 글꼴 크기 : 32

09 〔삽입〕 탭-〔일러스트레이션〕 그룹에서 〔도형〕-〔기본 도형〕-〔타원(◯)〕을 이용하여 손을 2개 만든 후 도형 채우기와 도형 윤곽선을 지정해요.
- 도형 채우기 : '주황, 강조2, 80% 더밝게', 도형 윤곽선 : 윤곽선 없음

2 내 캐릭터 이름표 그룹화하고 복사하여 배치하기

01 내 캐릭터를 그룹화하기 위해 다음과 같이 내 캐릭터를 드래그하여 선택한 후 [도형 서식] 정황 탭-[정렬] 그룹에서 [개체 그룹화(囧)]-[그룹]을 클릭해요.

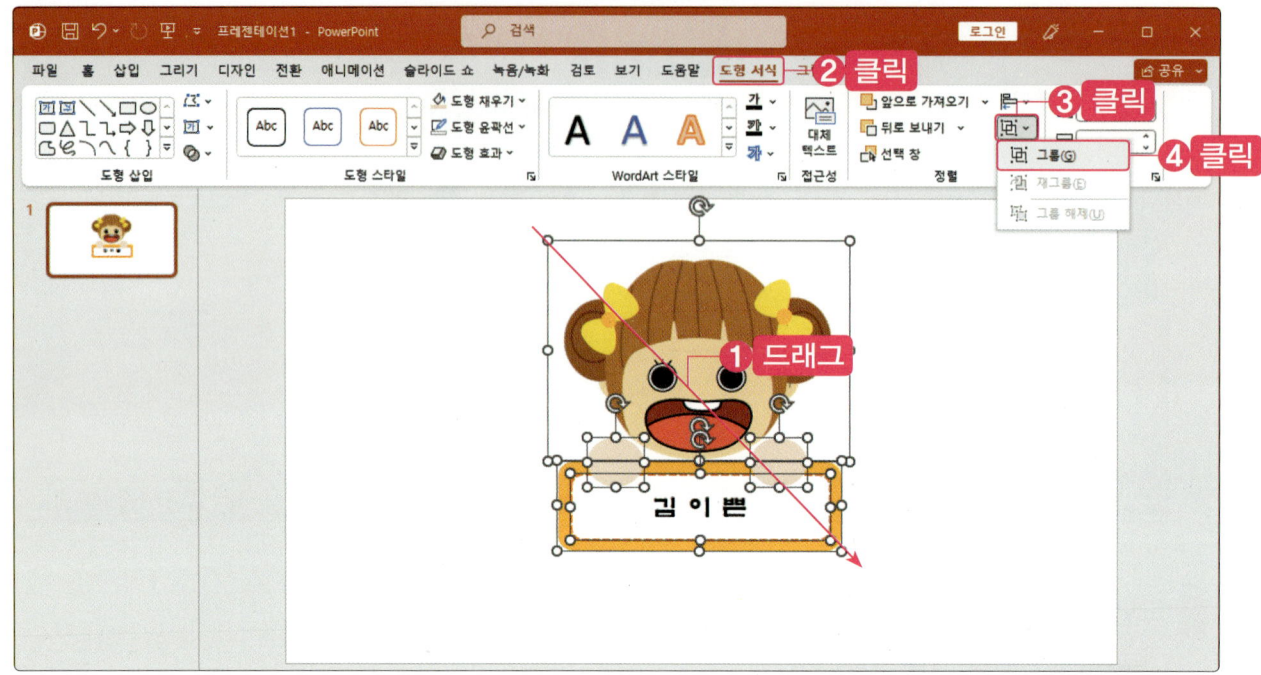

> 내 캐릭터를 드래그하여 선택한 후 [그림 서식] 정황 탭-[정렬] 그룹에서 [개체 그룹화(囧)]-[그룹]을 클릭하거나 Ctrl+G 키를 눌러 내 캐릭터를 그룹화할 수도 있어요.

02 내 캐릭터 이름표가 그룹화되면 다음과 같이 내 캐릭터 이름표의 크기와 위치를 조절해요. 그런 다음 내 캐릭터 이름표를 7개 복사한 후 위치를 조절하여 배치해요.

1 다음과 같이 '토마토.pptx' 파일을 연 후 도형을 복사하여 토마토를 만들어 보세요.

- 예제 파일 : 5차시\토마토.pptx
- 완성 파일 : 5차시\토마토_완성.pptx
- 슬라이드에 있는 도형을 복사하여 토마토를 만든 후 토마토를 그룹화
  - 얼굴 : 도형 스타일(강한 효과 – 주황, 강조 2)
  - 꼭지 : 도형 스타일(강한 효과 – 녹색, 강조 6)
  - 눈의 검은색 부분 : 선 색(선 없음), 채우기 색(검정, 텍스트 1)
  - 눈의 흰색 부분/입의 흰색 부분 : 선 색(검정, 텍스트 1), 채우기 색(흰색, 배경 1), 선 굵기(6pt)
  - 볼/입의 주황색 부분 : 선 색(선 없음), 채우기 색(주황, 강조 2, 40% 더 밝게)

2 다음과 같이 토마토를 복사한 후 도형 스타일을 변경해 보세요.

- 토마토를 복사한 후 크기를 조절한 다음 도형 스타일을 변경
  - 얼굴 : 도형 스타일(강한 효과 – 황금색, 강조 4)

배울 수 있어요!
◆ 도형의 겹치는 순서를 다시 정할 수 있어요.
◆ 도형을 회전할 수 있어요.

도형의 겹치는 순서를 다시 정해요.

도형이 자꾸 큰 도형 뒤로 가서는 안 보일때가 있어요. 도형도 먼저 입력된 순서대로 뒤쪽으로 들어가는데, 이 순서는 내가 바꿀 수 있어요. 이번 시간에는 도형의 순서와 도형의 스타일을 바꿔보도록 해요.

✿ 예제 파일 : 6차시\도형의 겹치는 순서.pptx   ✿ 완성 파일 : 6차시\도형의 겹치는 순서_완성.pptx

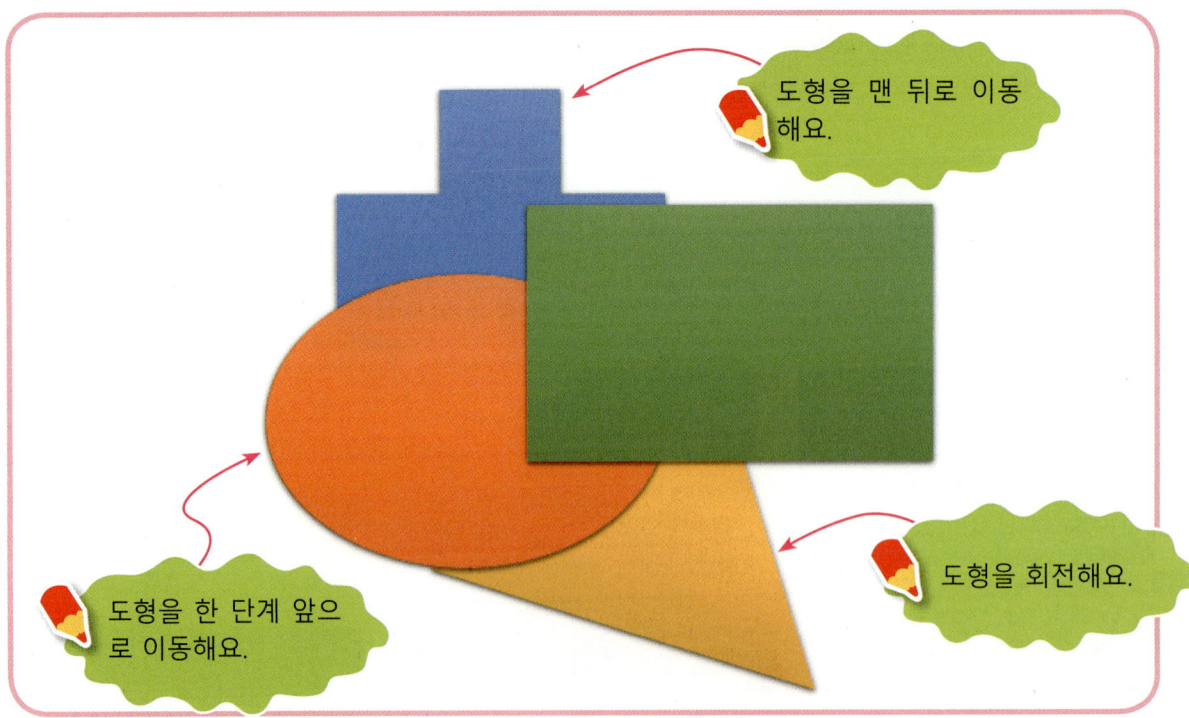

- 도형을 맨 뒤로 이동해요.
- 도형을 한 단계 앞으로 이동해요.
- 도형을 회전해요.

도형의 겹치는 순서 다시 정하기

01 〔6차시〕 폴더의 '도형의 겹치는 순서.pptx' 파일을 연 후 도형의 겹치는 순서를 다시 정하기 위해 도형(➕) 위에서 마우스 오른쪽 버튼을 클릭한 다음 〔맨 뒤로 보내기〕-〔맨 뒤로 보내기〕를 클릭해요.

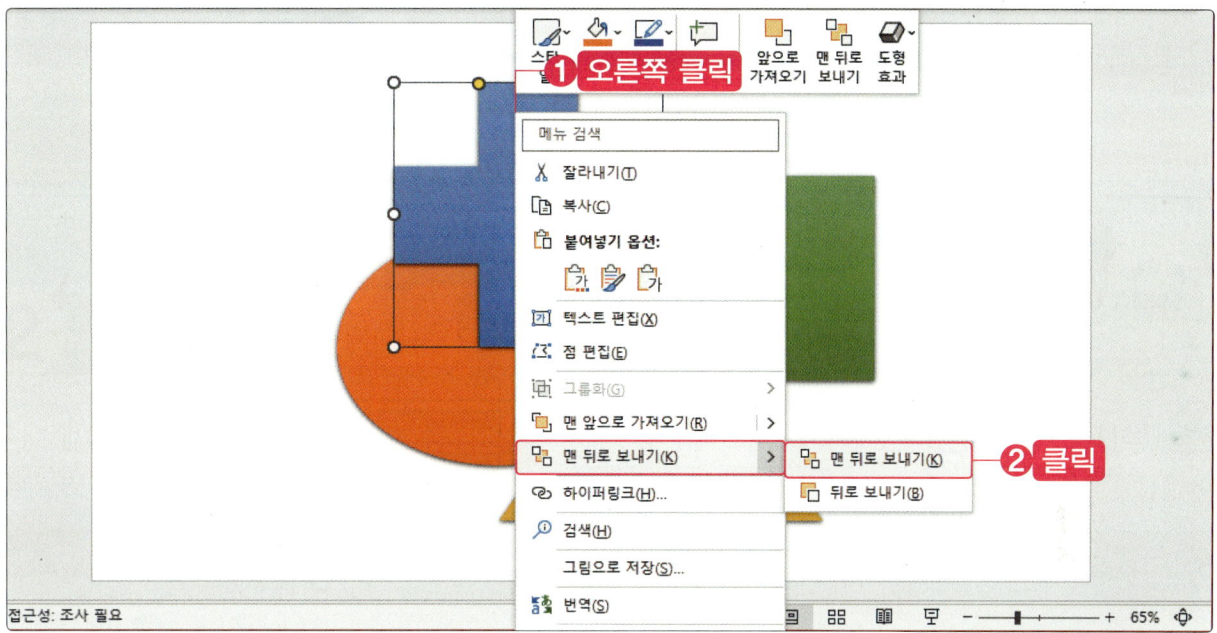

도형 위에서 마우스 오른쪽 버튼을 클릭한 후 〔맨 앞으로 가져오기〕-〔맨 앞으로 가져오기〕를 클릭하면 도형을 맨 앞으로 이동할 수 있고, 〔맨 뒤로 보내기〕-〔맨 뒤로 보내기〕를 클릭하면 도형을 맨 뒤로 이동할 수 있어요. 그리고 〔맨 앞으로 가져오기〕-〔앞으로 보내기〕를 클릭하면 도형을 한 단계 앞으로 이동할 수 있고, 〔맨 뒤로 보내기〕-〔뒤로 보내기〕를 클릭하면 도형을 한 단계 뒤로 이동할 수 있어요.

02 도형이 맨 뒤로 이동되면 도형(🟠) 위에서 마우스 오른쪽 버튼을 클릭한 후 〔맨 앞으로 가져오기〕-〔앞으로 가져오기〕를 클릭해요.

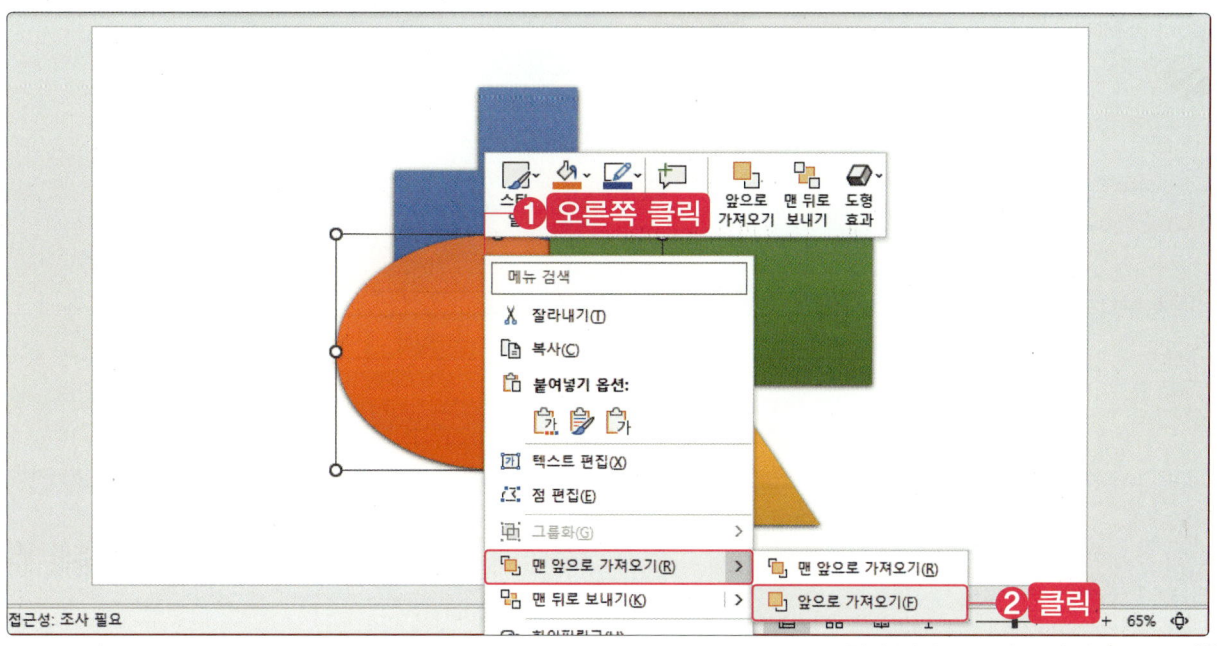

Lesson 06 • 도형의 겹치는 순서를 다시 정해요. **39**

 ## 도형 회전하기

01 도형을 회전하기 위해 다음과 같이 도형(▲)의 회전 조절점(⟳)을 드래그해요.

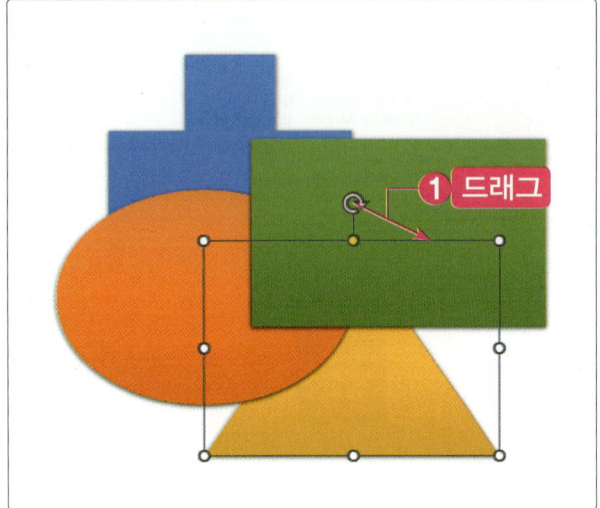 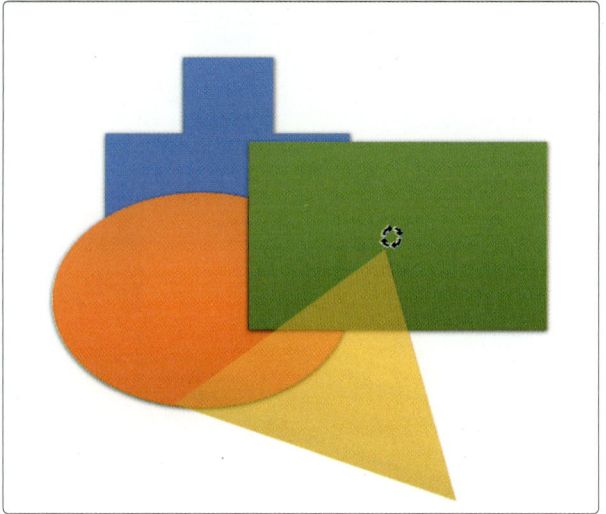

도형의 회전 조절점(⟳)으로 마우스 포인터를 가져가면 마우스 포인터가 ⟳ 모양으로 변경돼요.

02 다음과 같이 도형이 회전돼요.

오늘 수업의 미션!

1 오늘은 분리수거하는 날이에요. 다음과 같이 '분리하기.pptx' 파일을 연 후 재활용 쓰레기를 분리하여 분리수거함에 넣어 보세요.

- 예제 파일 : 6차시\분리하기.pptx
- 완성 파일 : 6차시\분리하기1_완성.pptx
- 슬라이드에 있는 재활용 쓰레기를 분리하여 분리수거함에 넣음

2 다음과 같이 재활용 쓰레기를 회전해 보세요.

- 완성 파일 : 6차시\분리하기2_완성.pptx

Lesson 07

배울 수 있어요!
- 큰 꽃잎을 만들 수 있어요.
- 작은 꽃잎과 꽃술을 만들 수 있어요.
- 꽃을 그룹화하고 복사하여 배치할 수 있어요.

꽃을 만들어요.

파워포인트의 가장 큰 장점 중의 하나가 도형으로 많은 작업을 할 수 있다는 점이에요. 이번 시간에는 파워포인트에서 제공되는 다양한 도형을 입력하고 변형한 후 색을 바꾸고 설정하며 즐거운 작업을 하며 작품을 만들 예정이에요.

⚙ 예제 파일 : 없음   ⚙ 완성 파일 : 7차시\꽃_완성.pptx

> 타원 도형을 이용하여 예쁜 꽃을 만들고 투명도를 조절할 수 있어요.

1 꽃잎 만들기

01 새 프레젠테이션을 만든 후 레이아웃(빈 화면)을 변경해요.

02 도형을 삽입하기 위해 [삽입] 탭-[일러스트레이션] 그룹에서 [도형(◯)]-[기본도형]-[하트(♡)]를 클릭한 후 드래그하여 하트 도형을 삽입해요.

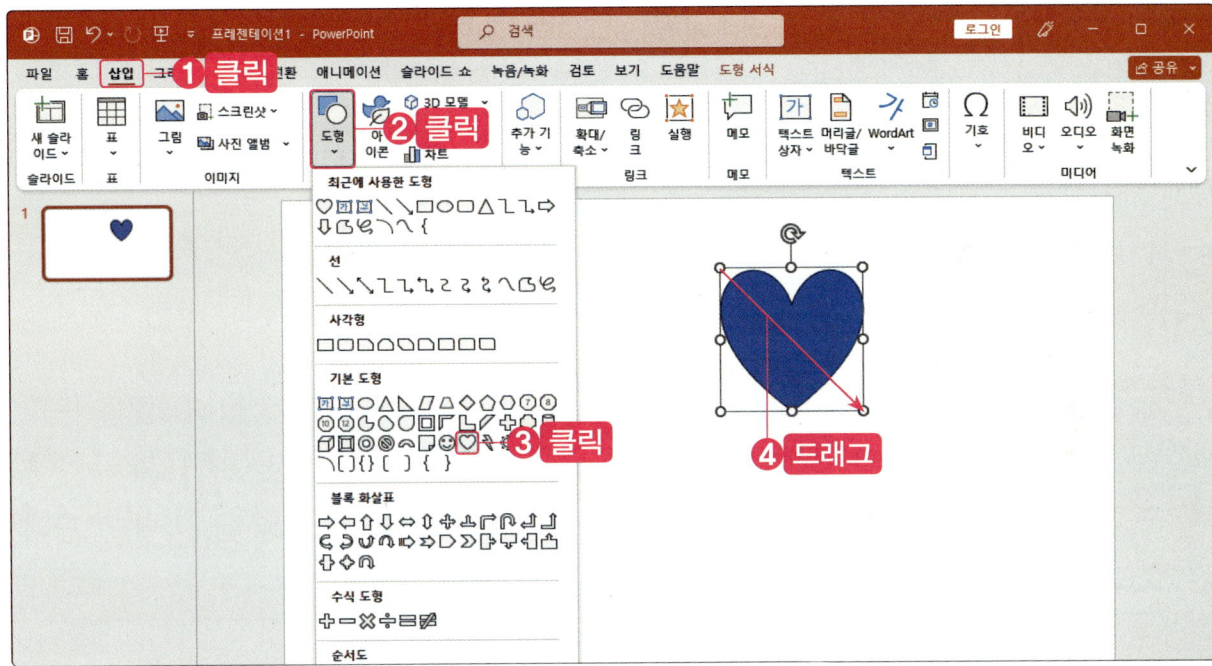

03 하트 도형 위에서 마우스 오른쪽 버튼을 클릭한 후 [도형 서식]을 선택한 다음 [도형 서식] 작업 창이 표시되면 [채우기] 탭과 [선] 탭에서 다음과 같이 지정해요.

- [채우기] 탭
  단색 채우기 : 색(빨강), 투명도(90%)

- [선] 탭
  선 없음

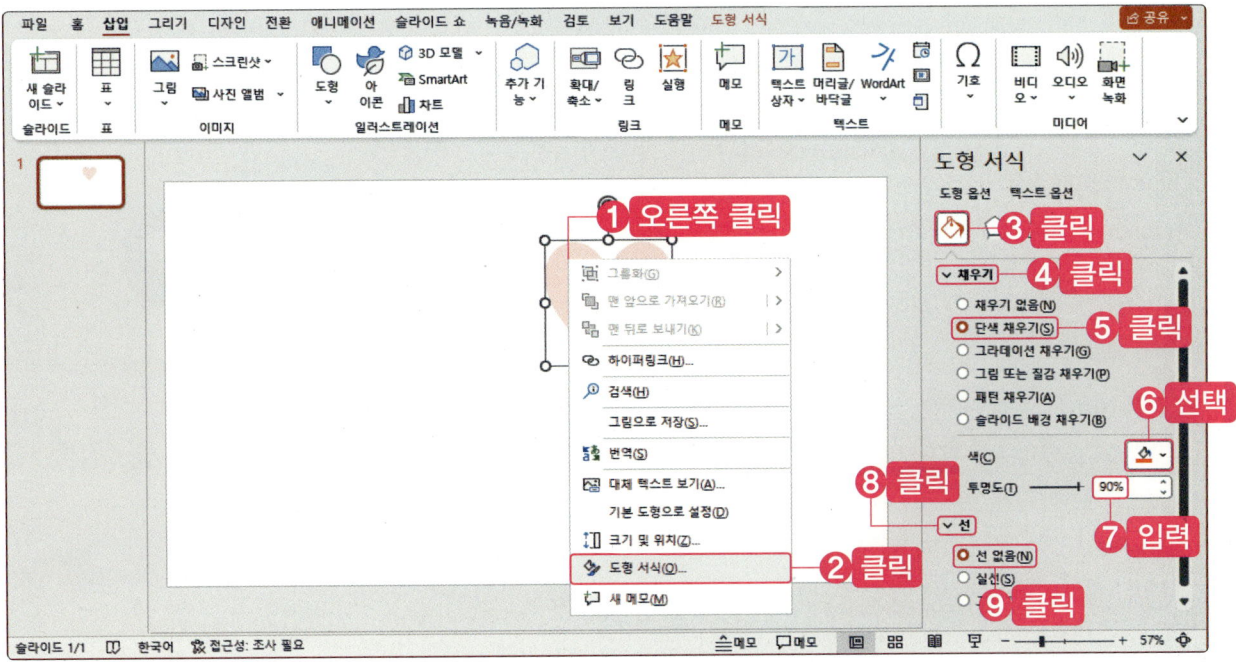

Lesson 07 • 꽃을 만들어요. 43

04 Ctrl을 누른 상태에서 드래그하여 하트 도형을 하나 더 복사한 후 [도형 서식] 정황 탭-[정렬] 그룹에서 [회전( )]-[오른쪽으로 90도 회전]을 클릭해요.

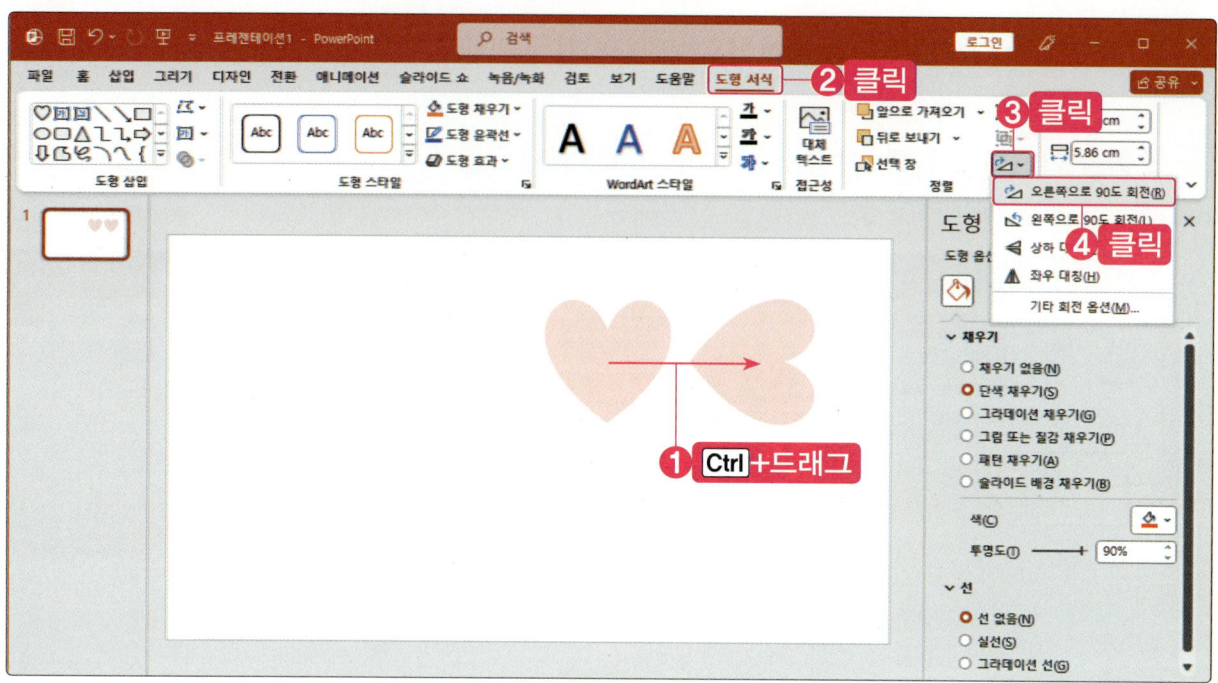

05 꽃잎이 4장이므로 2장을 더 복사(Ctrl+드래그)한 후 [도형 서식] 정황 탭-[정렬] 그룹에서 [회전( )]-[오른쪽으로 90도 회전]을 반복하여 다음과 같이 꽃잎을 완성해요.

06 큰 꽃잎을 그룹화하기 위해 큰 꽃잎을 드래그하여 선택한 후 [도형 서식] 정황 탭-[정렬] 그룹에서 [개체 그룹화( )]-[그룹]을 클릭해요.

도형을 전체 선택하고 그룹하는 단축키 : Ctrl+A+G

2 작은 꽃잎과 꽃술 만들기

01 다음과 같이 큰 꽃잎을 복사한 후 크기와 위치를 조절하여 작은 꽃잎을 만들어요.

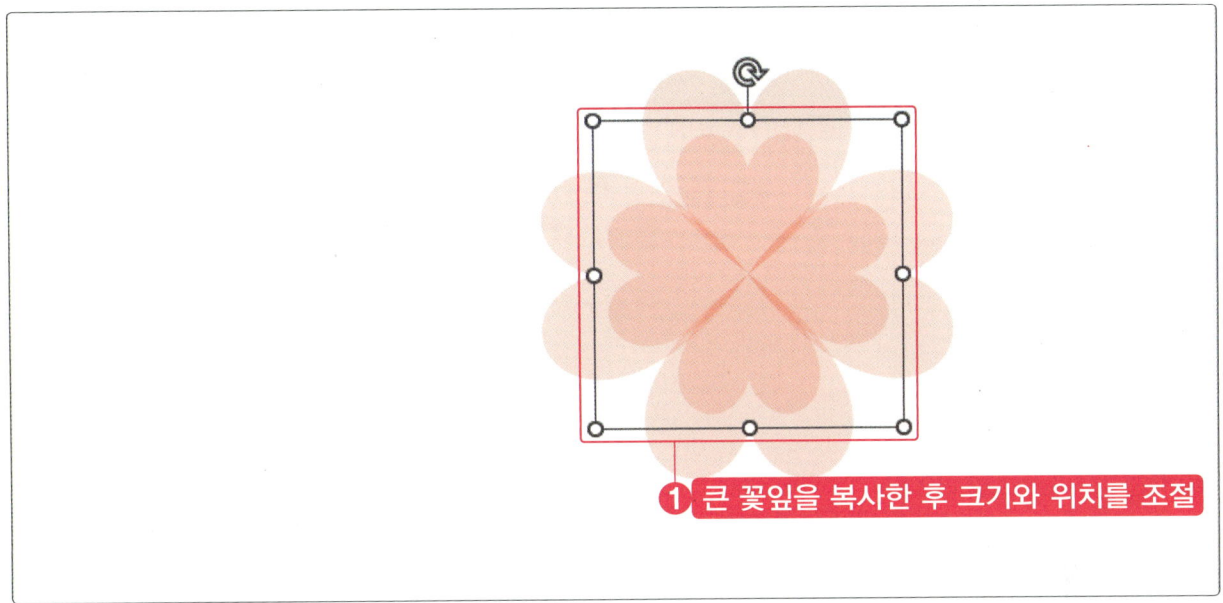

❶ 큰 꽃잎을 복사한 후 크기와 위치를 조절

02 〔도형 서식〕 작업 창에서 〔채우기〕 탭-〔단색 채우기〕를 선택하고 색과 투명도를 지정해요.

- 〔채우기〕 탭
  단색 채우기 : 색(빨강), 투명도(70%)

03 작은 꽃잎에 개체 속성이 지정되면 다음과 같이 도형을 삽입한 후 〔채우기〕 탭과 〔선〕 탭에서 다음과 같이 지정해요. 그런다음 도형을 3개 복사한 후 위치를 조절하여 꽃술을 만들어요.

- 〔채우기〕 탭
  단색 채우기 : 색(흰색, 배경 1)
- 〔선〕 탭
  선 없음

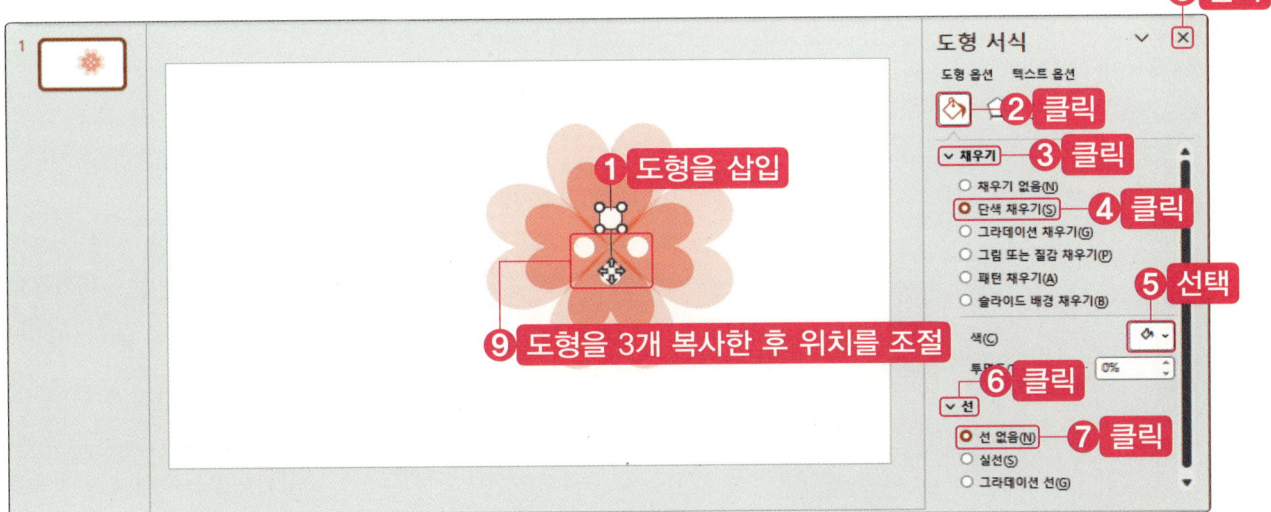

> Shift 키를 누른 상태에서 드래그하여 직사각형 도형이나 타원 도형을 삽입하면 정사각형 도형이나 정원(완전히 동그란 원) 도형이 삽입돼요.

3 꽃 그룹화하고 복사하여 배치하기

01 꽃을 그룹화하기 위해 다음과 같이 꽃을 드래그하여 선택한 후 [도형 서식] 정황 탭-[정렬] 그룹에서 [개체 그룹화()]-[그룹]을 클릭해요.

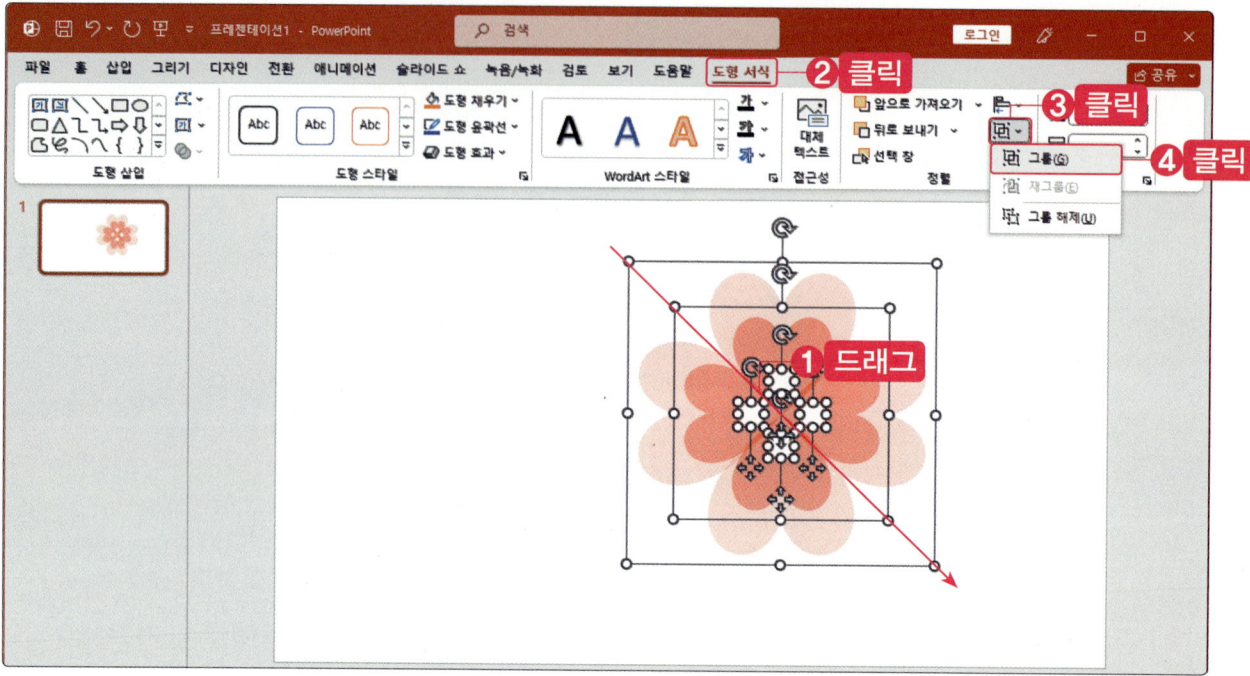

> 꽃을 드래그하여 선택한 후 [그림 서식] 정황 탭-[정렬] 그룹에서 [개체 그룹화()]-[그룹]을 클릭하거나 Ctrl+G키를 눌러 꽃을 그룹화할 수도 있어요.

02 꽃이 그룹화되면 다음과 같이 꽃을 2개 복사한 후 크기와 위치를 조절하여 배치해요.

❶ 꽃을 2개 복사한 후 크기와 위치를 조절

오늘 수업의 미션!

1 다음과 같이 '옥수수.pptx' 파일을 연 후 도형을 복사하여 옥수수를 만들어 보세요.

- 예제 파일 : 7차시\옥수수.pptx　　- 완성 파일 : 7차시\옥수수_완성.pptx
- 슬라이드에 있는 도형을 복사하여 옥수수를 만든 후 옥수수를 그룹화
  - ●, ▲ : 도형 채우기(녹색, 강조 6), 도형 윤곽선(윤곽선 없음)
  - ● : 도형 채우기(황금색, 강조 4, 60% 더 밝게), 도형 윤곽선(윤곽선 없음)

2 다음과 같이 '꽃다발.pptx' 파일을 연 후 도형을 복사하여 꽃다발을 만들어 보세요.

- 예제 파일 : 7차시\꽃다발.pptx　　- 완성 파일 : 7차시\꽃다발_완성.pptx
- 슬라이드에 있는 도형을 복사하여 꽃다발을 만든 후 꽃다발을 그룹화
  - ▼ : 도형 스타일(미세 효과 - 파랑, 강조 5)

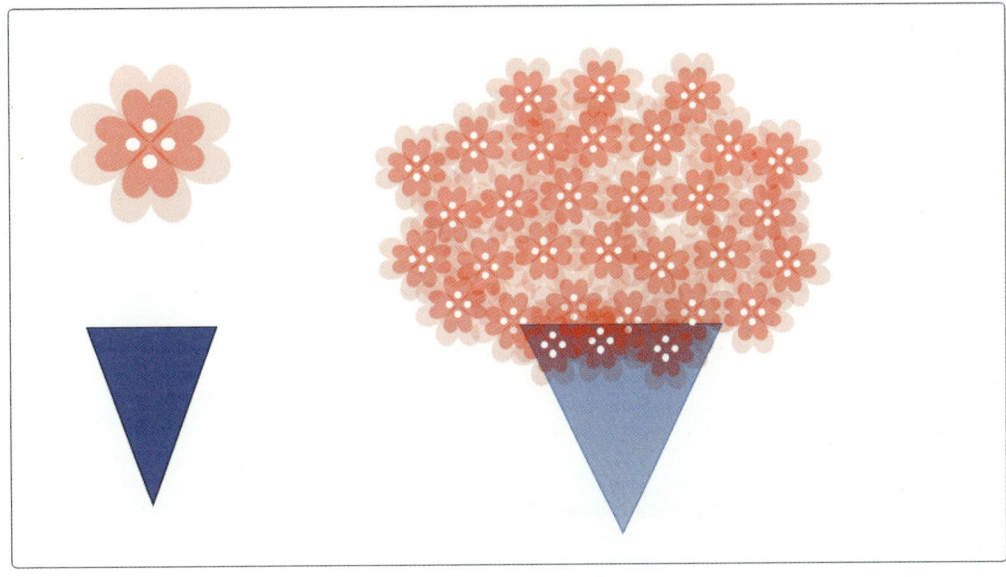

Lesson 08

◆ 도형의 노란색 조절점을 이용하면 도형을 변형시킬 수 있어요.
◆ 도형을 회전할 수 있어요.
◆ 도형 입체 효과주기 기능을 활용할 수 있어요.

토끼와 양을 만들어요.

다양한 도형을 이용하여 동물의 특색을 잘 살려 귀여운 동물을 만들고 작품으로 저장해요. 이번 시간에는 도형에 여러 효과를 주어 더욱 멋진 동물의 특색을 표현해 보도록 해요.

✿ **예제 파일** : 없음   ✿ **완성 파일** : 토끼와 양_완성.pptx

도형을 삽입하고 개체 속성을 지정하여 토끼를 만들어요.

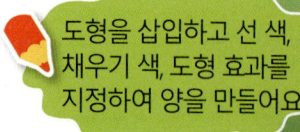
도형을 삽입하고 선 색, 채우기 색, 도형 효과를 지정하여 양을 만들어요.

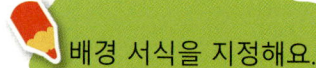
배경 서식을 지정해요.

 토끼 얼굴 만들기

01 새 프레젠테이션을 만든 후 레이아웃(빈 화면)을 변경해요.

02 도형을 삽입하기 위해 [삽입] 탭-[일러스트레이션] 그룹에서 [도형]-[사각형]-[사각형: 둥근 모서리(□)]를 클릭한 후 드래그하여 도형을 삽입해요.

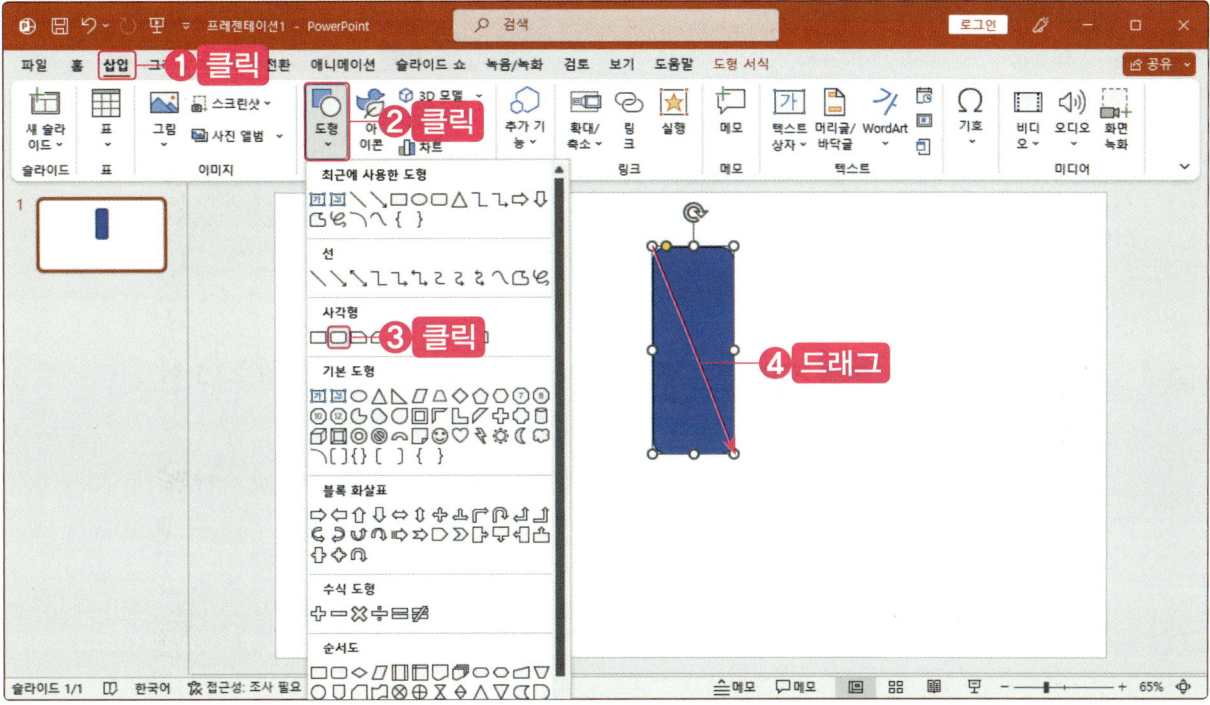

03 도형 채우기 색을 지정하기 위해 [도형 서식] 정황 탭-[도형 스타일] 그룹에서 [도형 채우기]-[다른 채우기 색]을 클릭해요.

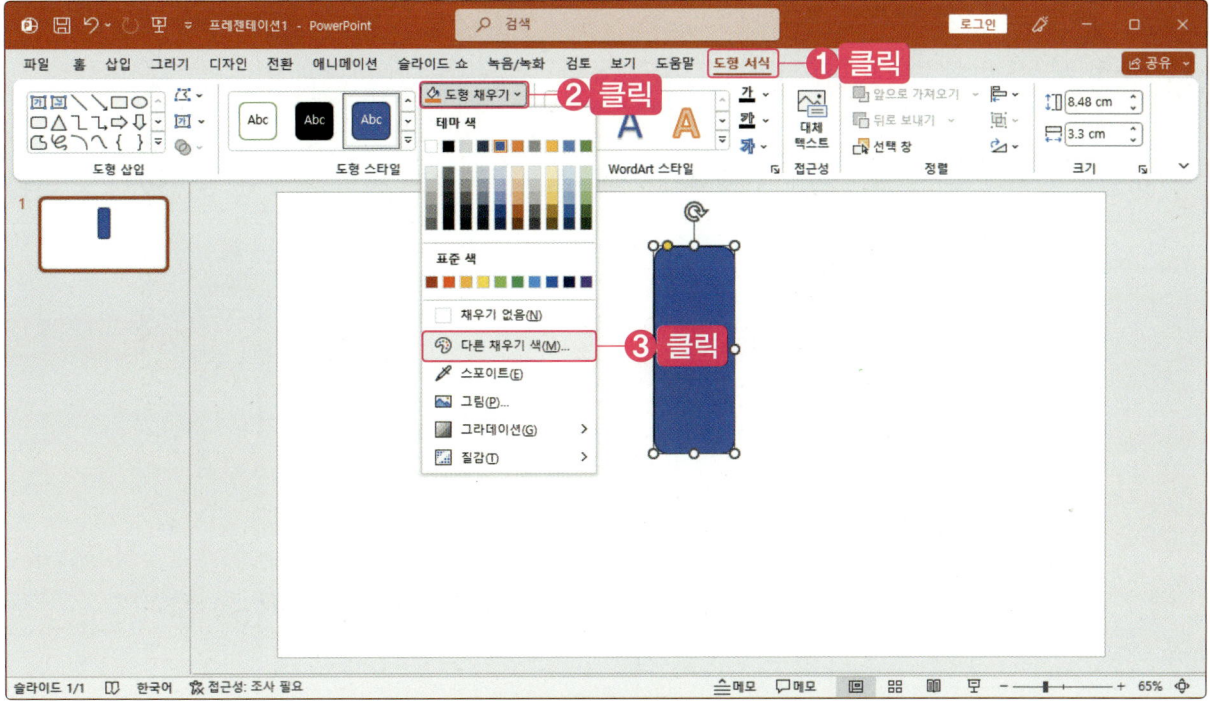

Lesson 08 • 토끼와 양을 만들어요. 49

04 〔색〕 대화상자가 나타나면 〔표준〕 탭을 클릭한 후 '분홍' 색 계열을 선택한 다음 〔확인〕을 클릭해요.

05 노란색 모양 조절점(○)을 드래그하여 반원 사각형 모양으로 만들어요.

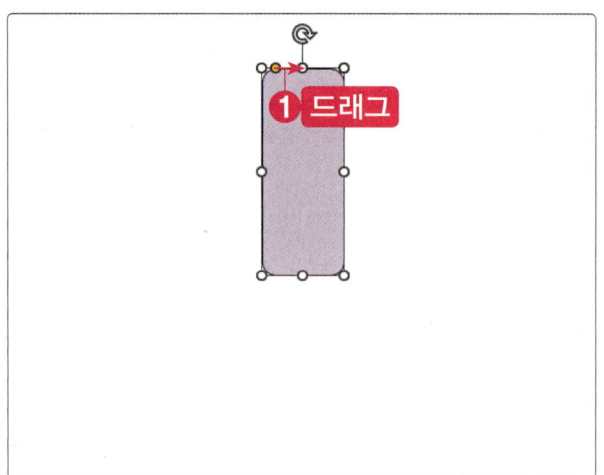 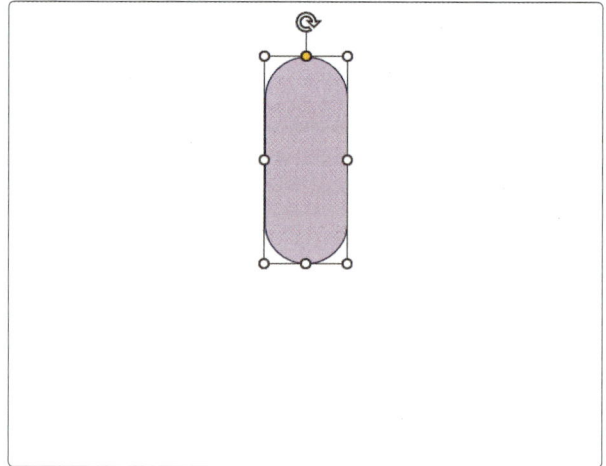

06 〔도형 서식〕 정황 탭-〔도형 스타일〕 그룹에서 〔도형 윤곽선〕-〔윤곽선 없음〕을 지정해요.

07 도형을 1개 더 복사(Ctrl+드래그)한 후 크기를 조금 줄인 후 도형의 색을 '흰색, 배경 1'로 변경해요.

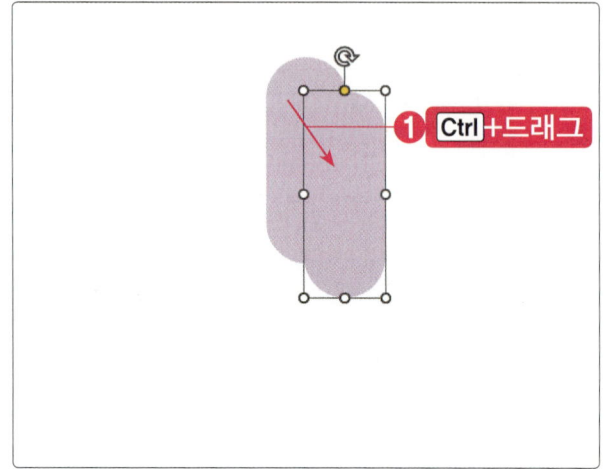 

08 도형 부분을 드래그하여 2개 도형을 선택한 후 복사(Ctrl+드래그)하여 두 쪽의 귀를 완성해요.

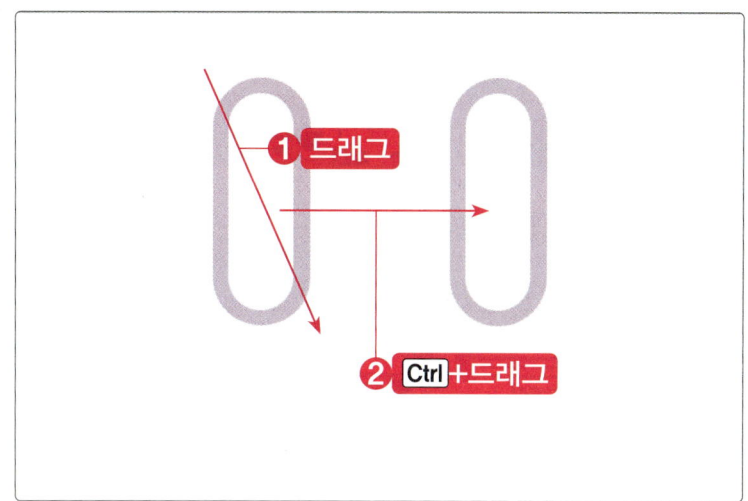

09 도형의 복사되면 다음과 같이 도형을 회전해요.

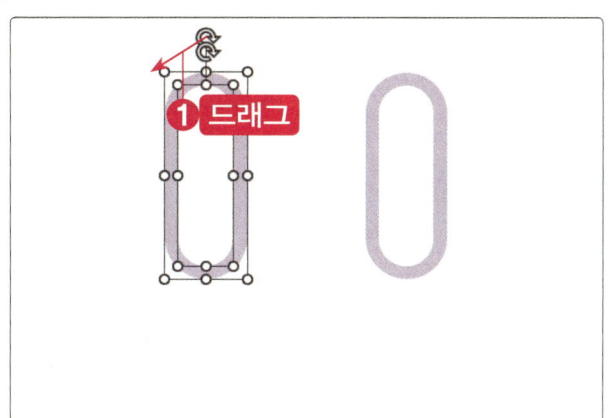
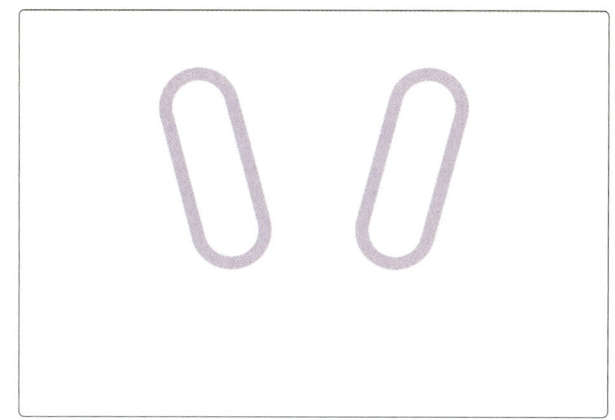

10 얼굴을 만들기 위해 〔삽입〕 탭-〔일러스트레이션〕 그룹에서 〔도형〕-〔기본 도형〕-〔타원(○)〕을 클릭한 후 드래그하여 도형을 작성해요. 그런다음 〔도형 서식〕 정황 탭-〔도형 스타일〕 그룹에서 도형 채우기 색을 지정해요.

• 도형 채우기 : 연보라

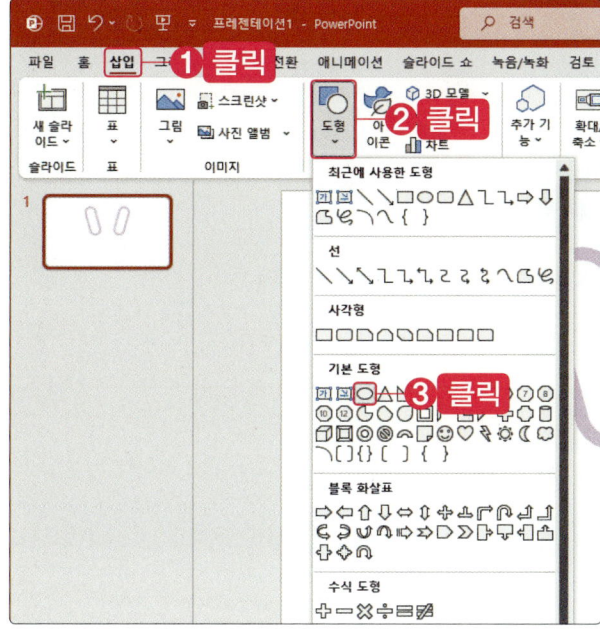

Lesson 08 • 토끼와 양을 만들어요. 51

11 〔도형 서식〕 정황 탭-〔도형 스타일〕 그룹에서 도형 윤곽선을 지정해요.

- 도형 윤곽선 : 윤곽선 없음

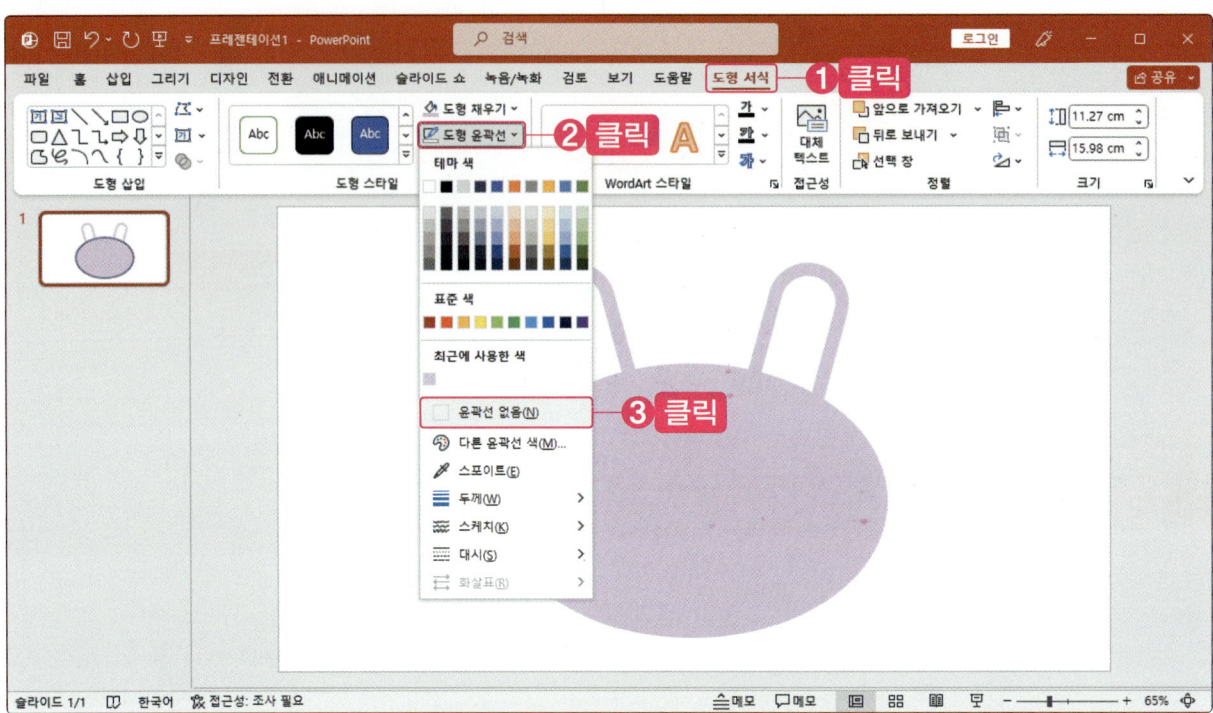

12 다음과 같이 도형을 삽입한 후 도형 채우기와 도형 윤곽선을 지정하여 토끼를 만들어요.

- 눈 : 도형 모양(타원(◯)), 도형 채우기(검정, 텍스트 1), 도형 윤곽선(윤곽선 없음)
- 입 : 도형 모양(곱셈 기호(✕)), 도형 채우기(검정, 텍스트 1), 도형 윤곽선(윤곽선 없음)

13 모든 개체를 선택하여 그룹화하여 토끼를 완성해요.

2 양 만들기

01 양을 만들기 위해 (홈) 탭-(슬라이드) 그룹-(새 슬라이드(📄))를 클릭하여 슬라이드를 추가해요.

02 슬라이드가 추가되면 다음과 같이 도형을 삽입한 후 도형 채우기와 도형 윤곽선을 지정해요.
- 위쪽 도형 : 도형 채우기(주황, 강조 2, 40% 더 밝게), 도형 윤곽선(윤곽선 없음)
- 아래쪽 도형 : 도형 채우기(검정, 텍스트 1), 도형 윤곽선(윤곽선 없음)

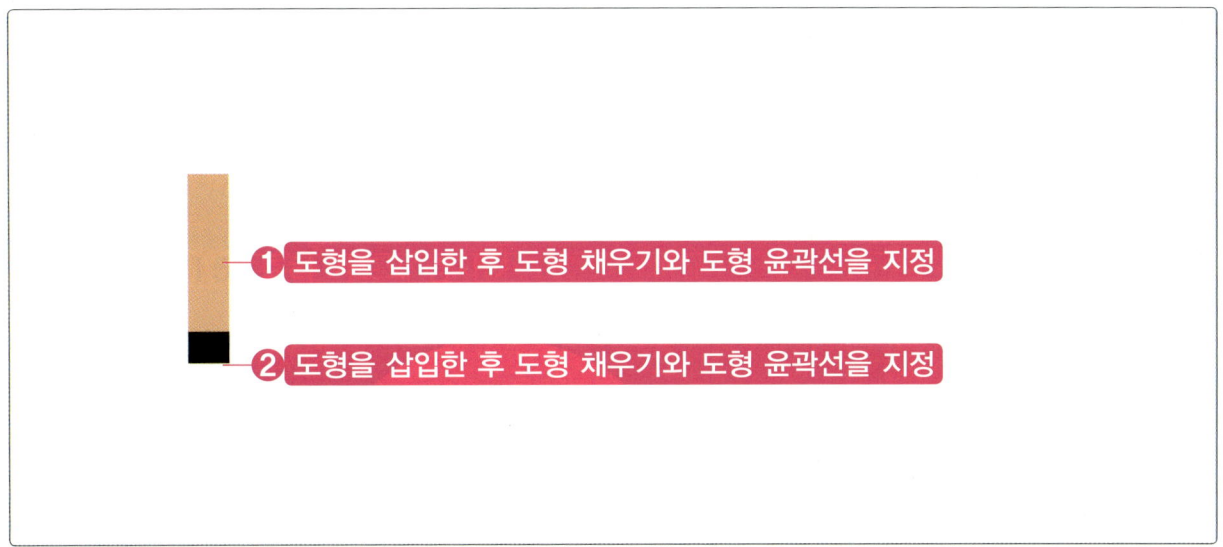

03 도형 효과를 지정하기 위해 도형을 선택한 후 (도형 서식) 정황 탭-(도형 스타일) 그룹에서 (도형 효과)-(입체 효과)-(둥글게(📄))를 클릭해요.

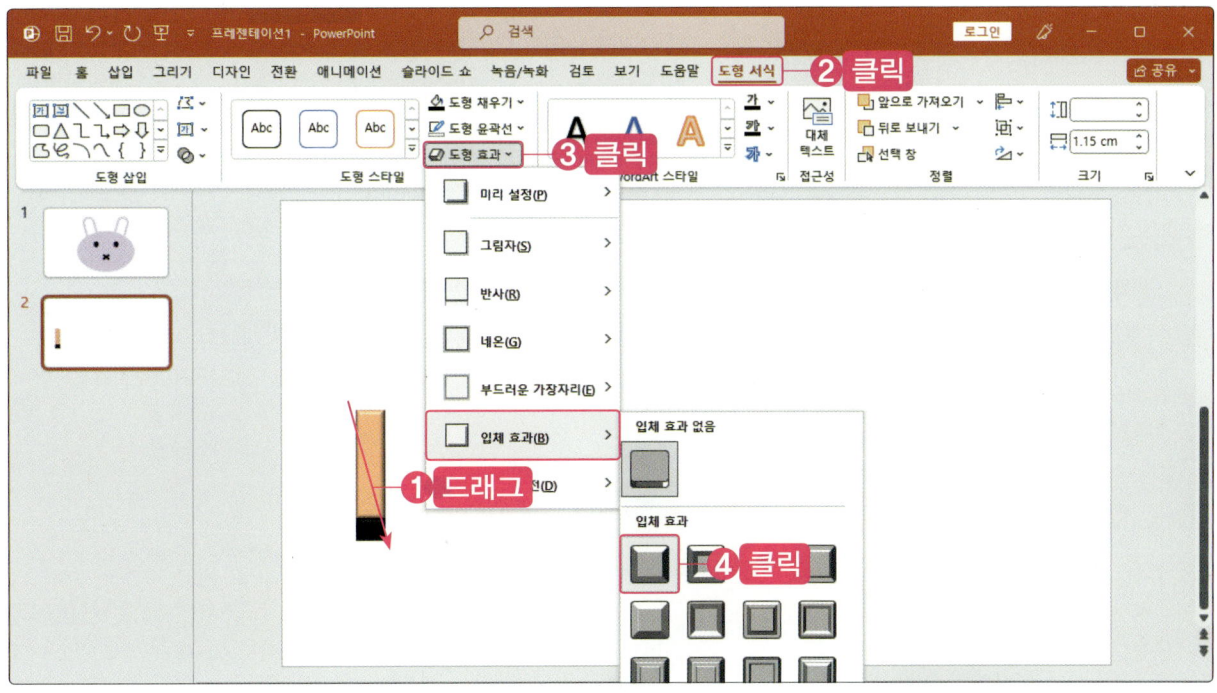

04 다리를 그룹화하기 위해 드래그하여 선택한 후 (도형 서식) 정황 탭-(정렬) 그룹에서 (개체 그룹화(📄))-(그룹)을 클릭해요.

05 도형이 그룹화되면 다음과 같이 양의 다리를 회전해요.

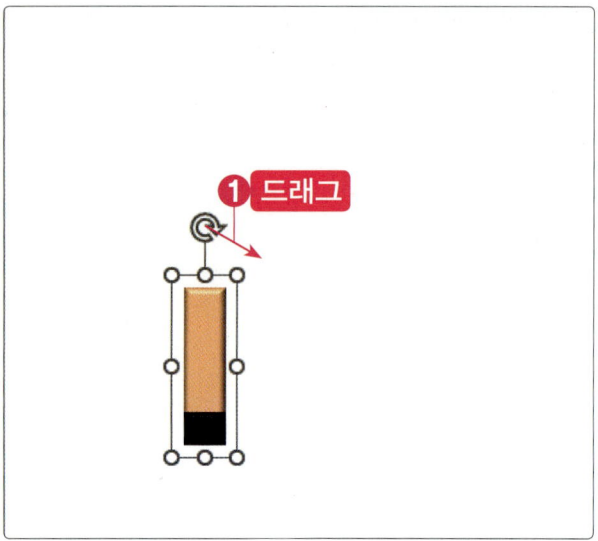
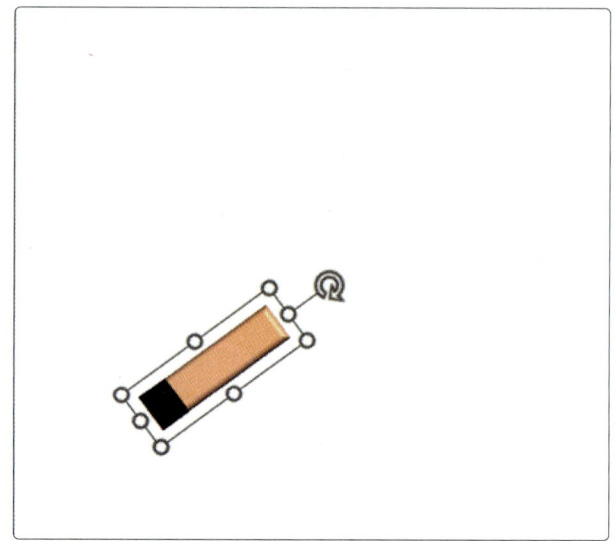

06 양의 다리를 3개 더 복사(Ctrl+드래그)하고 회전하여 다음과 같이 배치해요.

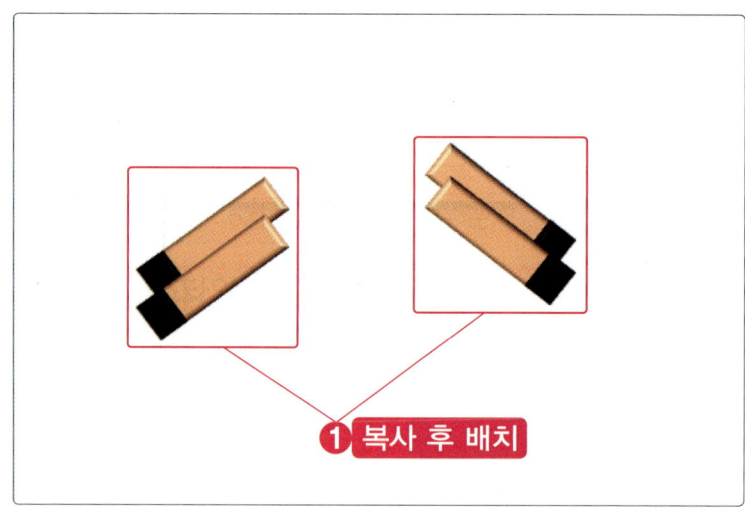

07 다음과 같이 양의 머리를 작성한 후 회전하여 양의 머리를 만들어요.

- **양 얼굴** : 도형 모양(순서도: 지연(D)), 도형 채우기(주황, 강조 2, 40% 더 밝게), 도형 윤곽선(윤곽선 없음), 도형 효과(둥글게)
- **하얀 눈** : 도형 모양(타원(○)), 도형 채우기(흰색, 배경 1), 도형 윤곽선(윤곽선 없음)
- **검정 눈** : 도형 모양(타원(○)), 도형 채우기(검정, 텍스트 1), 도형 윤곽선(윤곽선 없음)

08 같은 방법으로 몸통을 작성해요.

- **몸통** : 도형 모양(구름(☁)), 도형 채우기(흰색, 배경 1), 도형 윤곽선(윤곽선 없음), 도형 효과(디벗)

09 몸통이 작성되면 마우스 오른쪽 버튼 클릭한 후 [도형 서식]을 클릭해요. 그런다음 [도형 서식] 작업 창이 표시되면 [효과(⌂)] 탭에서 [3차원 서식]-[위쪽 입체]의 너비와 높이를 지정해요.

- **위쪽 입체** : 너비(50pt), 높이(25pt)

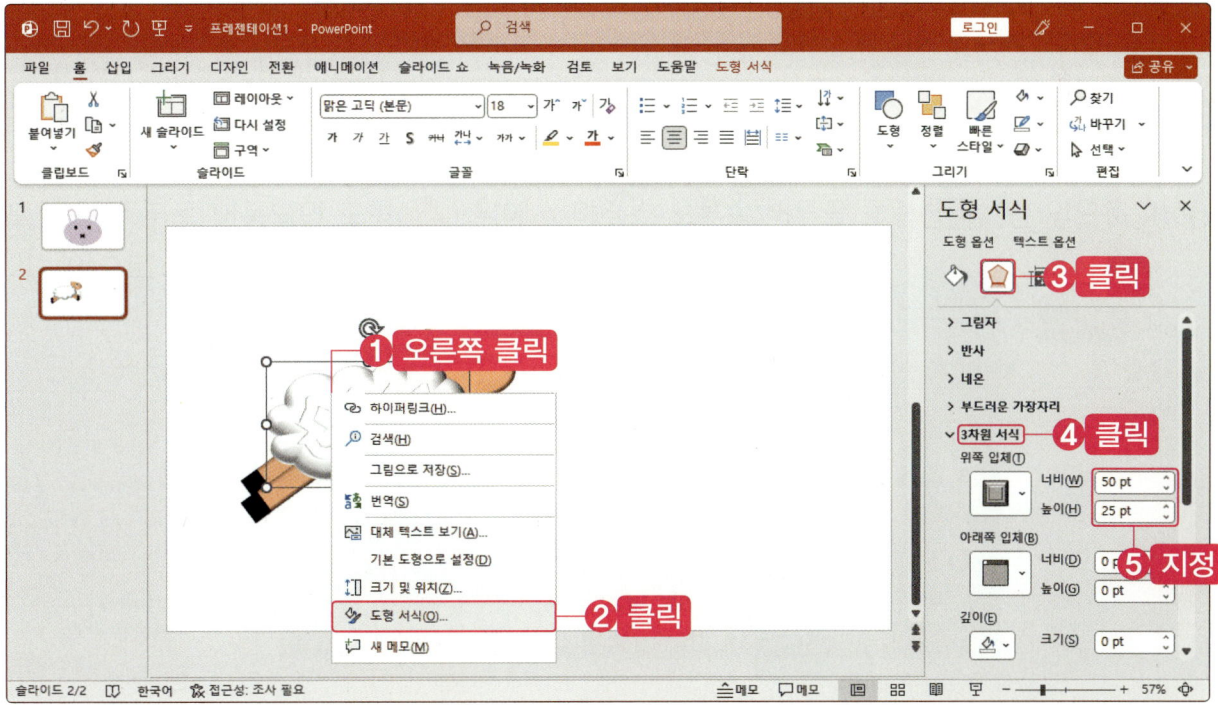

10 양 머리는 몸통을 복사하여 크기를 조금 줄여 사용해요.

Lesson 08 • 토끼와 양을 만들어요. 55

11 양을 그룹화한 후 양 한 마리를 더 복사한 다음 크기를 조절해요.

12 슬라이드 배경에서 마우스 오른쪽 버튼을 클릭한 후 [배경 서식] 작업 창이 표시되면 [채우기] 탭에서 [그라데이션 채우기]-[그라데이션 미리 설정]-[가운데 그라데이션 - 강조 6]을 클릭해요.

13 슬라이드 배경이 변경되면 [모두 적용]을 클릭한 후 [닫기(X)]를 클릭해요.

[모두 적용]을 클릭하면 모든 슬라이드에 배경 서식이 지정되고, [배경 원래대로]를 클릭하면 이전 상태로 돌아가요.

오늘 수업의 미션!

1 다음과 같이 '동물.pptx' 파일을 연 후 도형을 사용하여 동물을 만들어 보세요.

- 예제 파일 : 8차시\동물.pptx
- 완성 파일 : 8차시\동물_완성.pptx
- 도형을 사용하여 동물을 만듦
  - 지정하고 싶은 선 색, 채우기 색, 선 굵기를 지정

2 다음과 같이 배경 속성을 지정해 보세요.

- 배경 속성 : 채우기 종류(질감/그림), 질감(오크)

Lesson 08 • 토끼와 양을 만들어요.

Lesson 09

배울 수 있어요!
- 딸기를 만들 수 있어요.
- 오렌지를 만들 수 있어요.

딸기와 오렌지를 만들어요.

파워포인트 마우스데코 예제를 이용하여 멋진 작품을 만들어 보는 기본단계로 과일을 만들고 완성된 과일 작품을 활용하여 멋진 과일케익을 만들어 보아요.

❈ 예제 파일 : 9차시\과일.pptx ❈ 완성 파일 : 9차시\과일_완성.pptx

 딸기 만들기

01 〔9차시〕 폴더의 '과일.pptx' 파일을 연 후 〔1번 슬라이드〕로 이동해요.

02 도형(◖)을 드래그하여 복사한 후 〔도형 서식〕 정황 탭-〔도형 스타일〕 그룹에서 〔도형 채우기〕-〔그라데이션〕-〔선형 대각선 - 왼쪽 위에서 오른쪽 아래로(■)〕를 클릭해요.

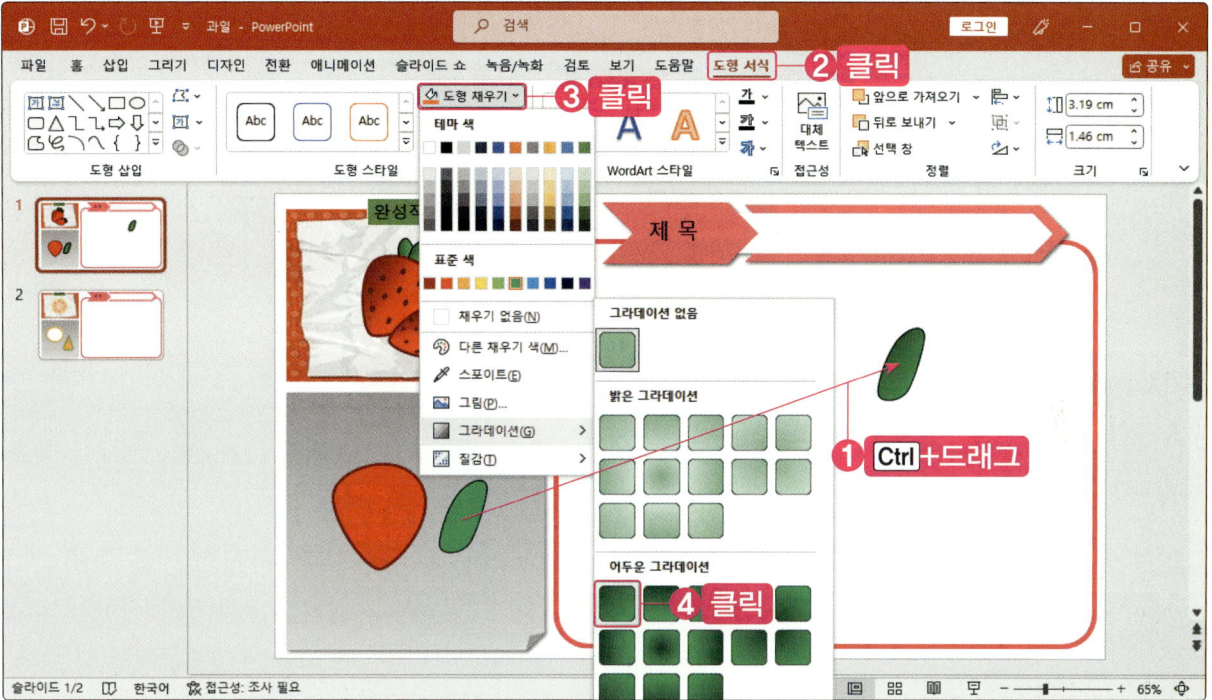

03 도형에 그라데이션이 지정되면 다음과 같이 도형을 2개 복사한 후 회전한 다음 위치를 조절하여 딸기 꼭지를 만들어요.

Lesson 09 • 딸기와 오렌지를 만들어요. 59

04 도형(🍓)을 드래그하여 복사한 후〔도형 서식〕정황 탭-〔도형 스타일〕그룹에서〔도형 채우기〕-〔그라데이션〕-〔선형 대각선 - 왼쪽 위에서 오른쪽 아래로(🟥)〕를 클릭해요.

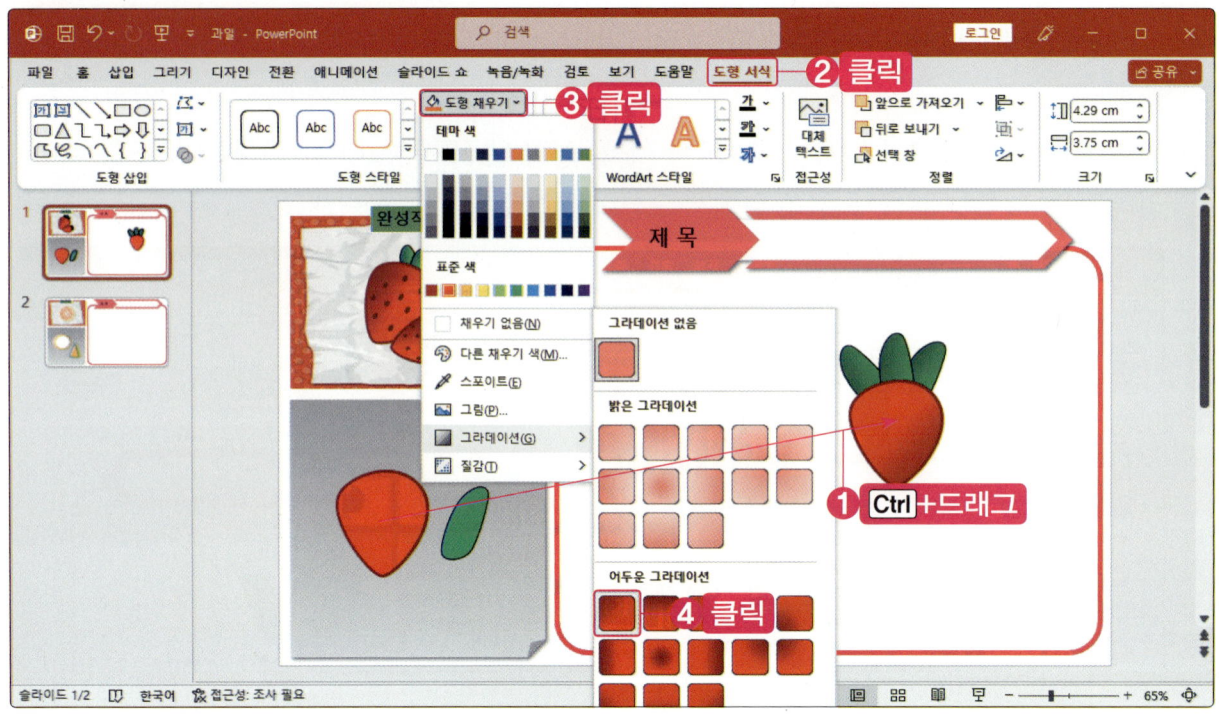

05 도형에 그라데이션이 지정되면 크기를 조절한 후 다음과 같이 도형을 삽입한 다음 도형 채우기와 도형 윤곽선을 지정해요. 그런다음 도형을 복사하여 위치 및 크기를 조절하여 배치해요.

- 딸기 씨 : 도형 모양(타원(⭕)), 도형 채우기(검정, 텍스트 1, 15% 더 밝게), 도형 윤곽선(윤곽선 없음)

06 딸기를 그룹화하기 위해 딸기를 드래그하여 선택한 후〔도형 서식〕정황 탭-〔정렬〕그룹에서〔개체 그룹화(⛶)〕-〔그룹〕을 클릭해요.

07 딸기가 그룹화되면 다음과 같이 회전해요. 그런다음 딸기를 복사한 후 회전하여 다음과 같이 크기를 조절하여 작은 딸기를 만들어요.

08 딸기(큰 딸기와 작은 딸기)를 그룹화하기 위해 딸기를 드래그하여 선택한 후 〔도형 서식〕 정황 탭-〔정렬〕 그룹에서 〔개체 그룹화〕-〔그룹〕을 클릭해요.

09 딸기가 그룹화되면 딸기를 그림 파일로 저장하기 위해 딸기 위에서 마우스 오른쪽 버튼을 클릭한 후 〔그림으로 저장〕을 클릭해요.

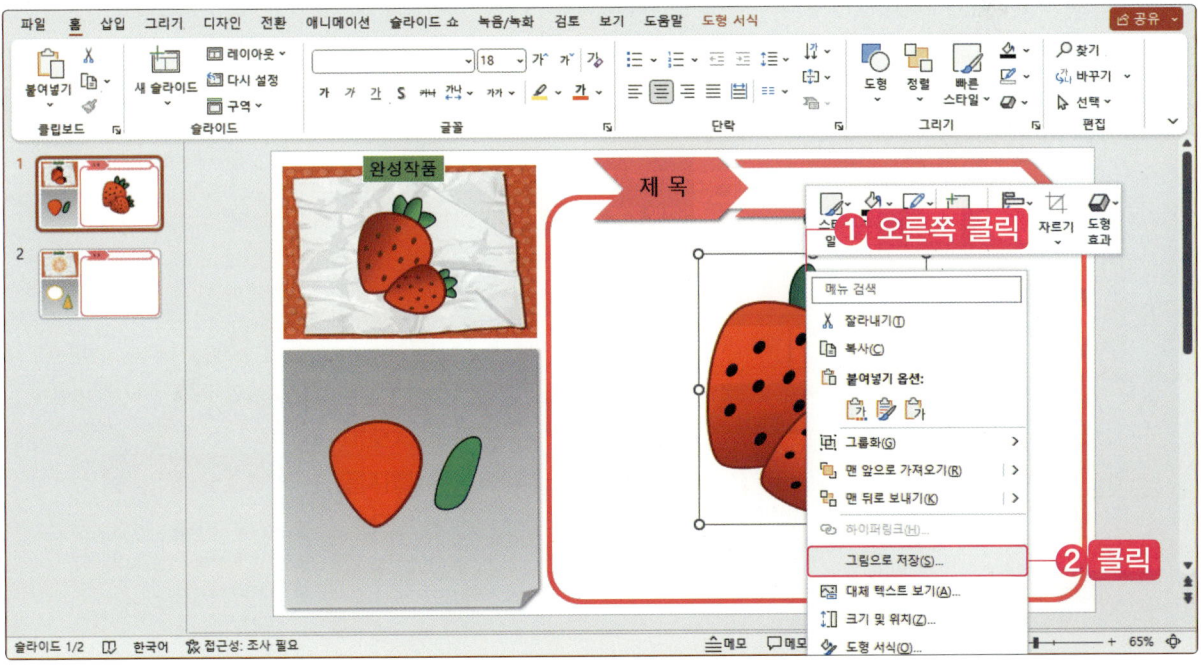

10 〔그림으로 저장〕 대화상자가 나타나면 저장 위치(내 PC\문서)를 지정한 후 파일 이름(딸기)을 입력한 다음 〔저장〕을 클릭해요.

Lesson 09 • 딸기와 오렌지를 만들어요. 61

2 오렌지 만들기

01 〔슬라이드〕 탭에서 〔2번 슬라이드〕를 선택해요.

02 도형(○)을 드래그하여 복사한 후 크기를 조절해요.

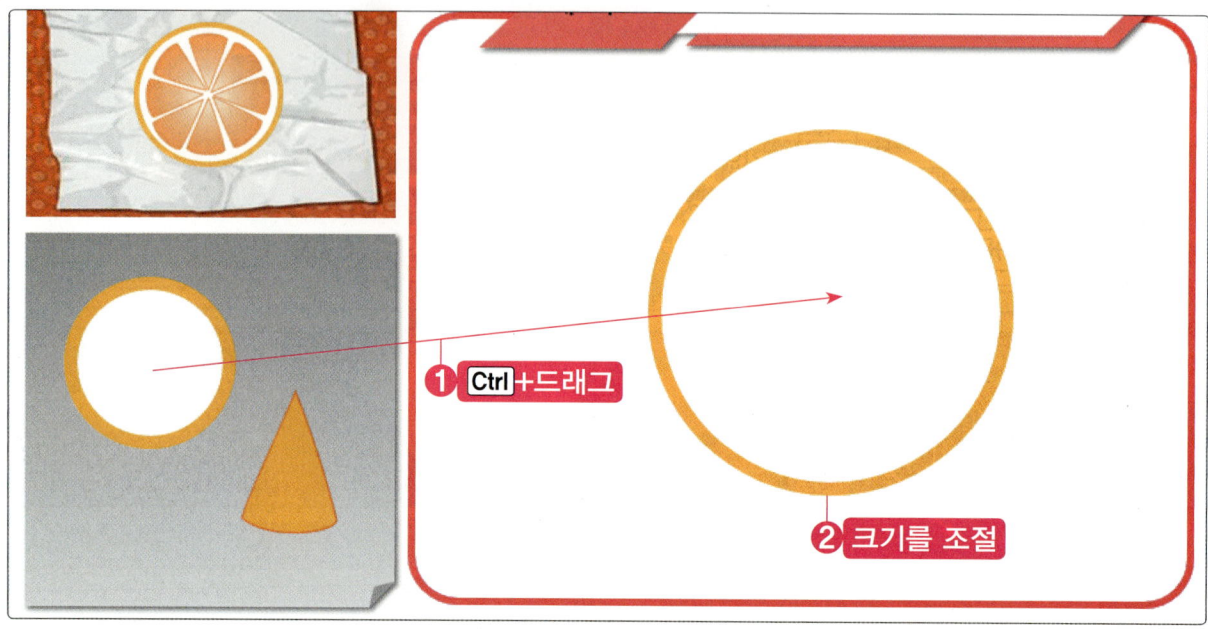

- 도형의 크기 조절점에 마우스 포인터를 가져가 마우스 포인터 모양이 ↔, ↕, ↘, ↗로 변경되었을 때 드래그하면 크기를 변경할 수 있어요.
- 크기를 변경할 때는 Shift 를 누르면서 크기를 변경하면 정원이나 정사각형, 정삼각형 등으로 그릴 수 있어요.

03 도형(▲)을 드래그하여 복사한 후 그라데이션을 지정하기 위해 마우스 오른쪽 버튼을 클릭한 다음〔도형 서식〕을 클릭해요.

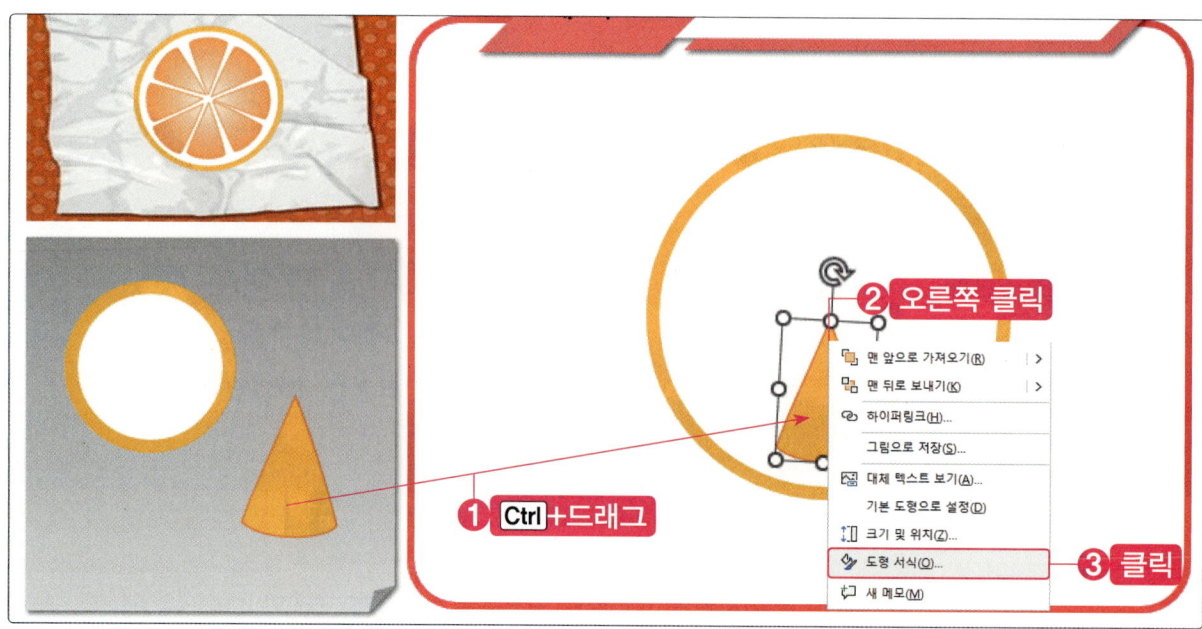

04 〔도형 서식〕 작업 창이 표시되면 〔채우기〕 탭에서 〔그라데이션 채우기〕-〔그라데이션 미리 설정〕-〔위쪽 스포트라이트 강조 2〕를 클릭해요. 그런다음 〔닫기(✖)〕를 클릭해요.

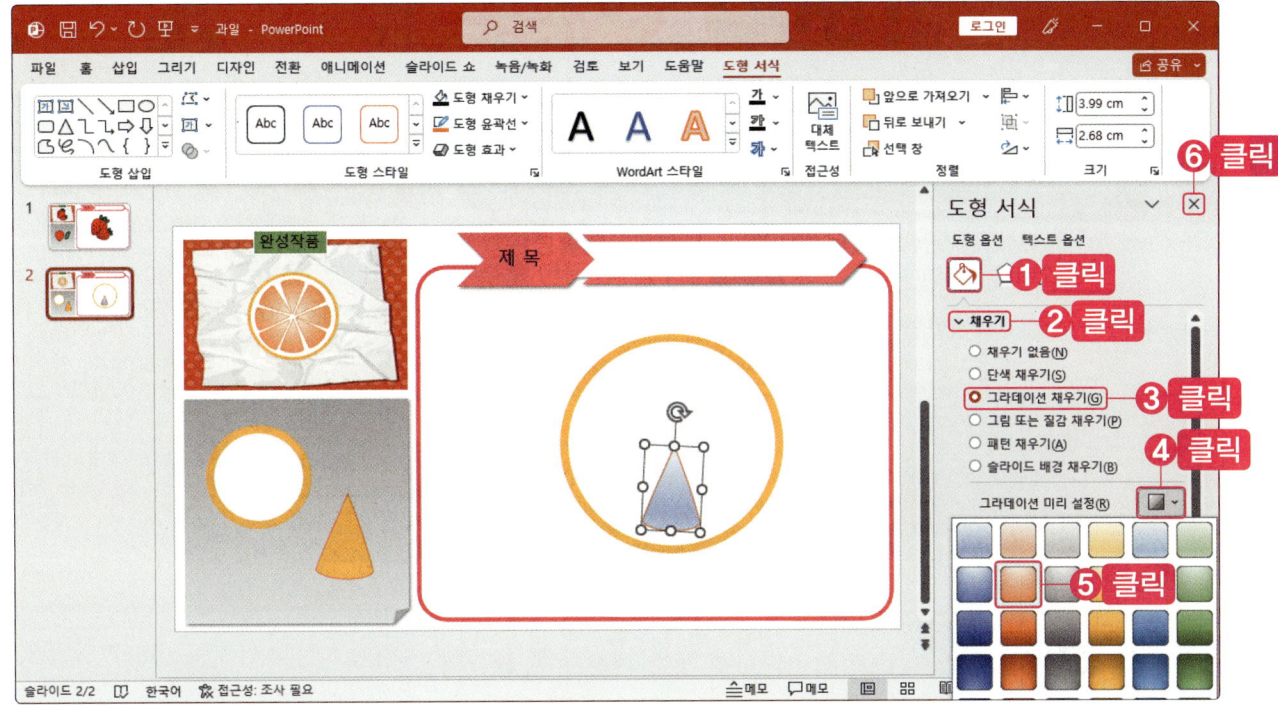

05 도형(▲)을 드래그하여 복사한 후 다음과 같이 도형의 회전 조절점(⟳)을 드래그해요.

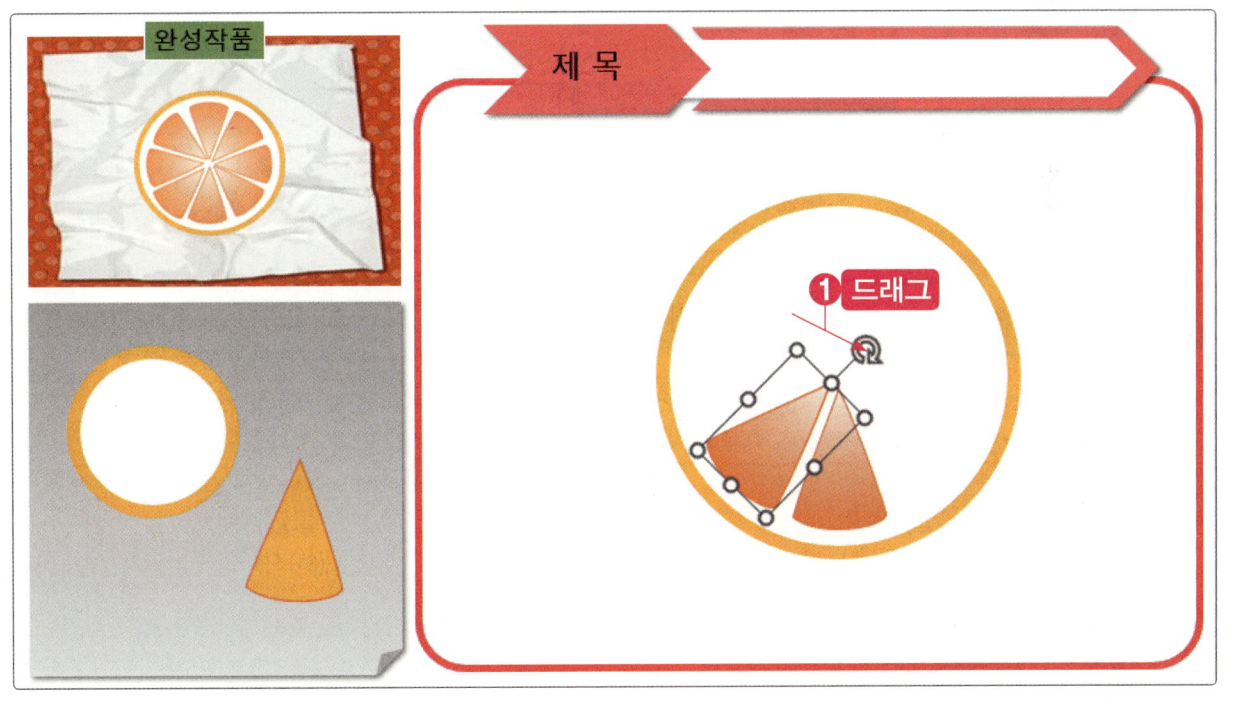

도형의 회전 조절점(⟳)으로 마우스 포인터를 가져가면 마우스 포인터가 ↻ 모양으로 변경돼요.

Lesson 09 • 딸기와 오렌지를 만들어요.

06 오렌지를 복사한 후 회전하여 다음과 같이 오렌지를 만들어요.

07 오렌지를 그룹화하기 위해 오렌지를 드래그하여 선택한 후 [도형 서식] 정황 탭-[정렬] 그룹에서 [개체 그룹화(쥐)]-[그룹]을 클릭해요.

08 오렌지가 그룹화되면 오렌지를 그림 파일로 저장하기 위해 오렌지 위에서 마우스 오른쪽 버튼을 클릭한 후 [그림으로 저장]을 클릭해요.

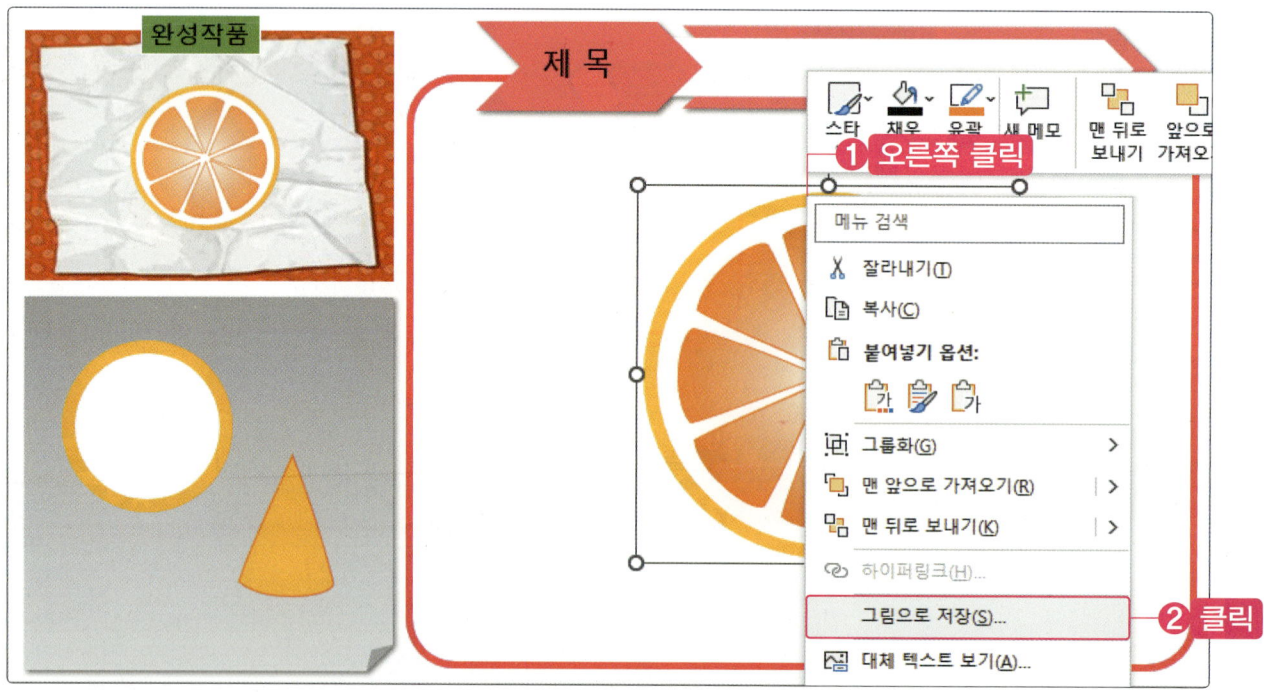

09 [그림으로 저장] 대화상자가 나타나면 저장 위치(내 PC\문서)를 지정한 후 파일 이름(오렌지)을 입력한 다음 [저장]을 클릭해요.

1 다음과 같이 '케이크.pptx' 파일을 연 후 도형과 그림을 복사하여 케이크를 만들어 보세요.

- 예제 파일 : 9차시\케이크.pptx
- 완성 파일 : 9차시\케이크_완성.pptx
- 슬라이드에 있는 도형과 그림을 복사하여 케이크를 만듦

2 다음과 같이 속불꽃에 그라데이션을 지정한 후 케이크를 완성해 보세요.

- 속불꽃에 그라데이션을 지정
  - 속불꽃 : 도형 채우기(그라데이션(어두운 그라데이션\가운데에서(■)))

Lesson 09 • 딸기와 오렌지를 만들어요.

Lesson 10

배울 수 있어요!
- 도형의 조각으로 무당벌레를 완성해 보아요.
- 도형의 조각으로 달팽이를 완성해 보아요.
- [정렬]-[좌우 대칭]하는 방법을 학습해요.

무당벌레와 달팽이를 만들어요.

파워포인트 마우스데코 예제를 이용하여 멋진 작품을 만들어 보는 2단계로 무당벌레와 달팽이를 완성해 보아요. 곤충의 이미지를 완성하고 멋진 이미지로 저장해 보아요.

✿ 예제 파일 : 10차시\곤충.pptx   ✿ 완성 파일 : 10차시\곤충_완성.pptx

도형을 복사하고 좌우로 대칭시켜 무당벌레를 만들어요.

도형을 복사하고 대칭 및 회전시켜 달팽이를 만들어요.

1 무당벌레 만들기

01 〔10차시〕 폴더의 '곤충.pptx' 파일을 연 후 무당벌레의 다리와 몸통 부분이 될 그림을 복사(Ctrl+드래그)해요.

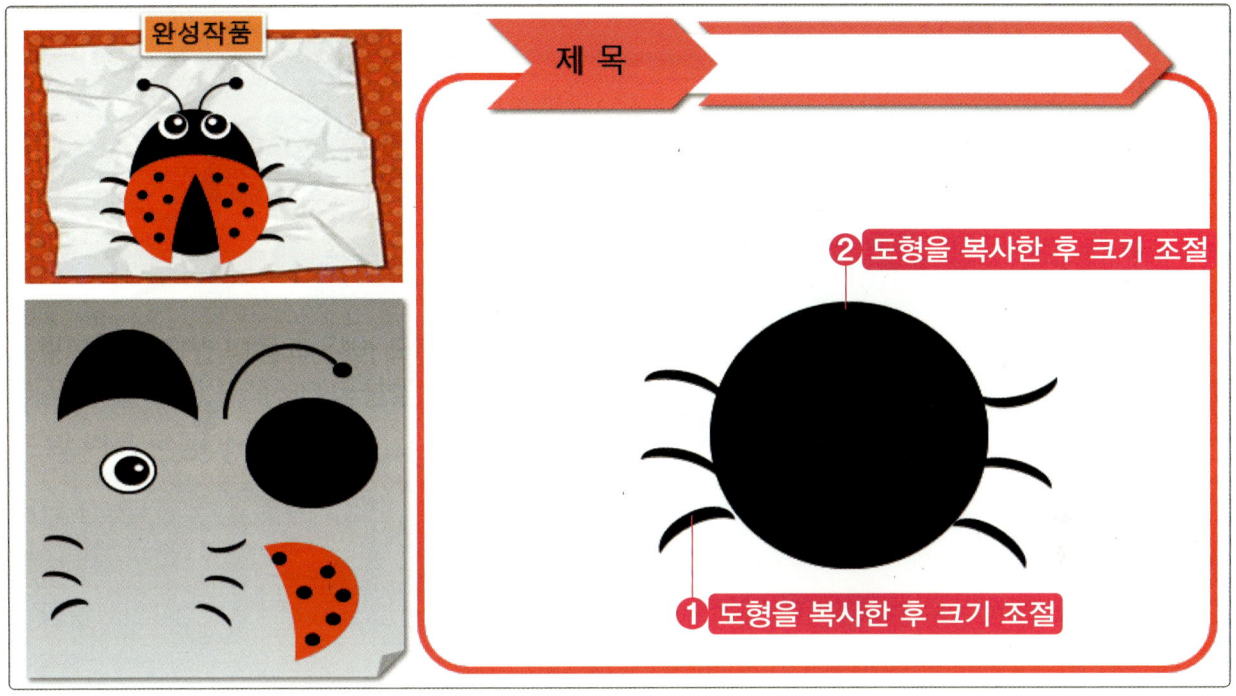

02 다음과 같이 날개를 복사한 후 크기를 조절해요. 그런다음 좌우로 대칭시키기 위해 〔그림 서식〕 정황 탭-〔정렬〕 그룹에서 〔개체 회전(↻)〕-〔좌우 대칭〕을 클릭한 후 위치를 조절해요.

Lesson 10 • 무당벌레와 달팽이를 만들어요. 67

03 그림이 좌우로 대칭되면 다음과 같이 도형과 그림을 복사하여 무당벌레를 만들어요.

무당벌레의 한쪽 눈과 더듬이는 다른쪽 눈과 더듬이를 복사한 후 좌우로 대칭시켜 만들어요.

04 무당벌레를 그룹화하기 위해 다음과 같이 무당벌레를 드래그하여 선택한 후 〔도형 서식〕 정황 탭-〔정렬〕 그룹에서 〔개체 그룹화〕-〔그룹〕을 클릭해요.

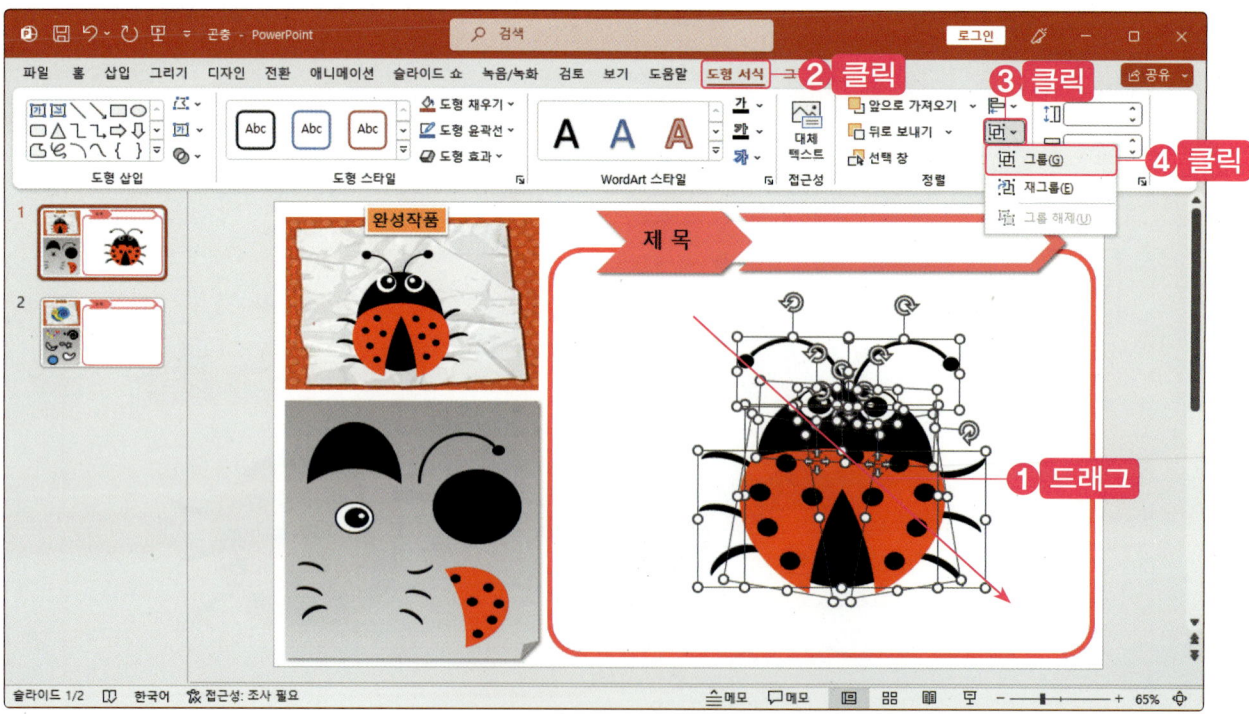

05 무당벌레가 그룹화돼요.

2 달팽이 완성하기

01 〔슬라이드〕 탭에서 2번 슬라이드를 선택해요.

02 다음과 같이 도형을 복사(Ctrl+드래그)한 후 크기 및 위치를 조절해요. 그런다음 〔도형 서식〕 정황 탭-〔도형 스타일〕 그룹에서 〔도형 채우기〕를 클릭하여 색상을 지정해요.

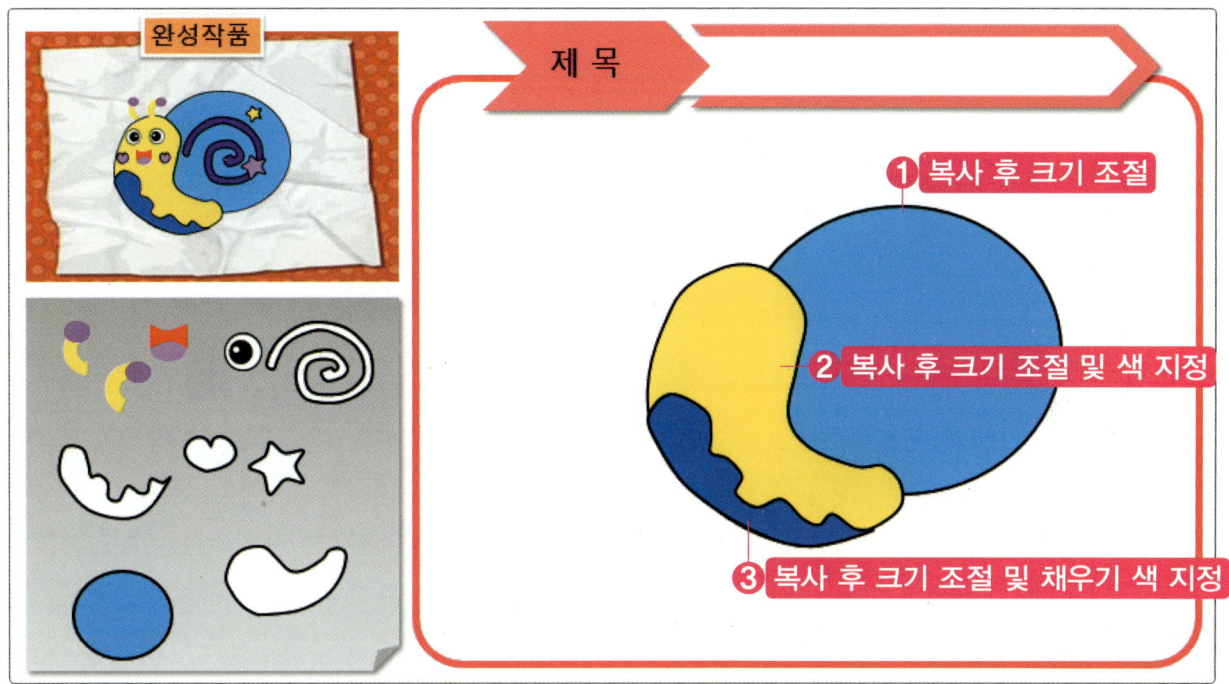

03 다음과 같이 눈을 복사한 후 위치를 조절해요. 그런다음 좌우로 대칭시키기 위해 〔그림 서식〕 정황 탭-〔정렬〕 그룹에서 〔개체 회전( )〕-〔좌우 대칭〕을 클릭해요.

Lesson 10 • 무당벌레와 달팽이를 만들어요. 69

04 그림이 좌우로 대칭되면 다음과 같이 도형과 그림을 복사하여 달팽이를 만들어요. 그런다음 〔도형 서식〕 정황 탭-〔도형 스타일〕 그룹에서 〔도형 채우기〕를 클릭하여 색상을 지정해요.

05 달팽이를 그룹화하기 위해 다음과 같이 달팽이를 드래그하여 선택한 후 〔도형 서식〕 정황 탭-〔정렬〕 그룹에서 〔개체 그룹화(団)〕-〔그룹〕을 클릭해요.

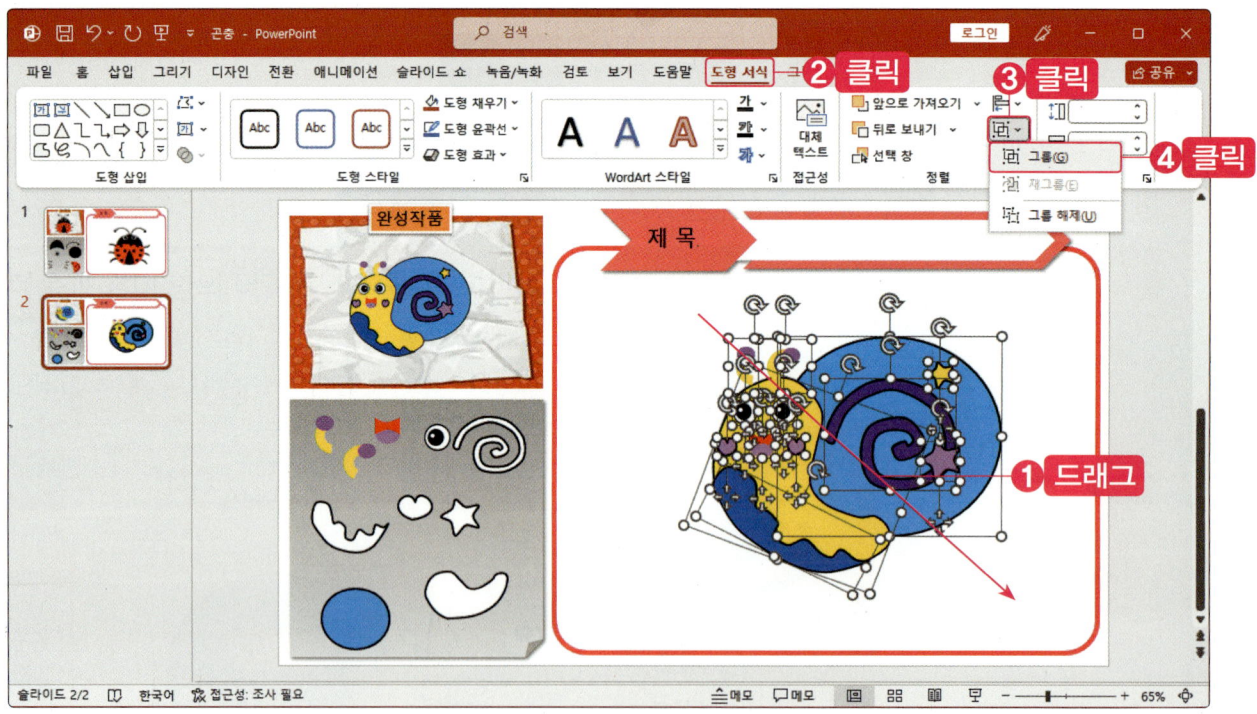

06 달팽이가 그룹화돼요.

1 다음과 같이 새 프레젠테이션을 만든 후 레이아웃(빈 화면)을 변경한 다음 도형을 사용하여 곰을 만들어 보세요.

- 예제 파일 : 없음   ■ 완성 파일 : 10차시\곰_완성.pptx
- 도형(타원(○))을 사용하여 곰을 만든 후 곰을 그룹화
  - 지정하고 싶은 도형 채우기 색, 도형 윤곽선(윤곽선 없음)을 지정
  - 곰의 한쪽 눈은 다른 쪽 눈을 복사한 후 좌우로 대칭시켜 만듦

2 다음과 같이 새 프레젠테이션을 만든 후 레이아웃(빈 화면)을 변경한 다음 도형을 사용하여 개구리를 만들어 보세요.

- 예제 파일 : 없음   ■ 완성 파일 : 10차시\개구리_완성.pptx
- 도형(타원(○))을 사용하여 개구리를 만든 후 개구리를 그룹화
  - 지정하고 싶은 도형 채우기 색, 도형 윤곽선(윤곽선 없음)을 지정
  - 개구리의 한쪽 눈은 다른 쪽 눈을 복사한 후 좌우로 대칭시켜 만듦

Lesson 10 • 무당벌레와 달팽이를 만들어요. 71

Lesson 11

배울 수 있어요!
- 이미지의 색 조정기능을 이용해서 이미지의 색상을 변경해요.
- 이미지의 순서를 조정해요.
- 여러 이미지로 맛있는 아이스크림을 만들어요.

아이스크림을 만들어요.

오늘은 세상에서 제일 맛있는 아이스크림을 파워포인트로 직접 만들어 볼 예정이에요. 우리 친구들의 상상력과 훌륭한 컴퓨터 실력만 있다면, 딸기 아이스크림, 포도 아이스크림, 녹차 아이스크림, 바나나 아이스크림 어떤 아이스크림이라도 만들 수 있어요.

❋ 예제 파일 : 11차시\아이스크림.pptx ❋ 완성 파일 : 11차시\아이스크림_완성.pptx

[서식] 탭-[조정] 그룹에서 [색]-[다시 칠하기]에서 자기가 좋아하는 아이스크림 맛의 색상을 선택할 수 있어요.

아이스크림을 쌓아 올릴 땐 아래쪽부터 위로 쌓아 올려야 해요.

그림의 순서를 바꿀 수 있어요.

 아이스크림 만들어 보기

01 〔11차시〕 폴더의 '아이스크림.pptx' 파일을 연 후 소프트아이스크림을 복사(Ctrl+드래그)해요. 그런다음 소프트아이스크림의 크기를 조절해요.

아이스크림을 쌓아 올릴 때는 아래에서 위로 쌓아 올려요.

02 두 번째, 세 번째 소프트아이스크림을 위로 복사(Ctrl+드래그) 해서 쌓아주고 크기를 조절해요.

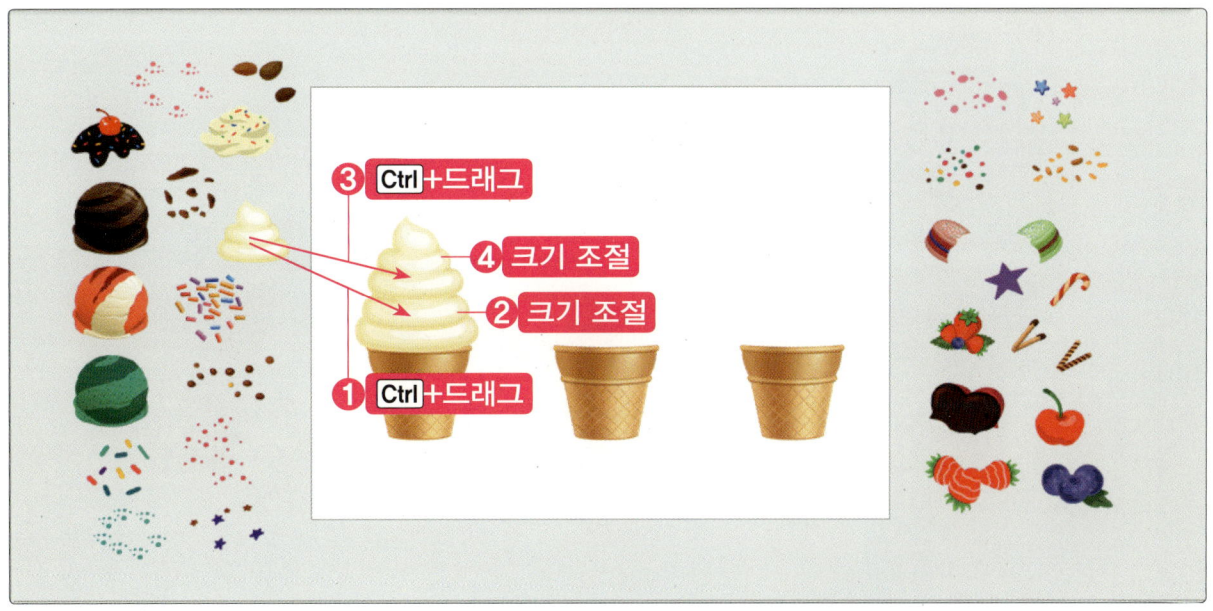

Lesson 11 · 아이스크림을 만들어요. 73

03 두 번째 소프트아이스크림을 선택한 후 (그림 서식) 정황 탭-(조정) 그룹에서 (색)-(다시 칠하기)에서 자기가 좋아하는 아이스크림 맛의 색상을 선택해요.

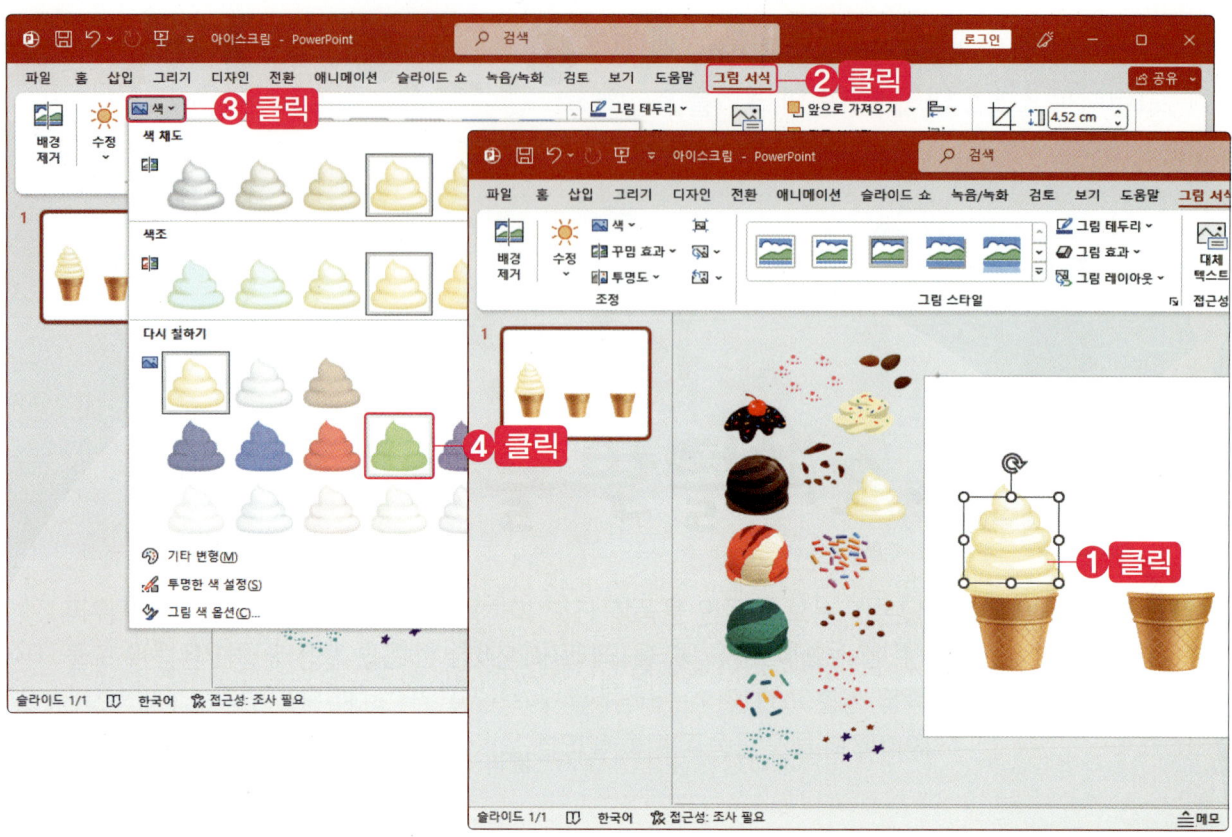

04 같은 방법으로 세 번째 소프트아이스크림의 색상을 지정해요.

05 이번엔 아이스크림에 맛있는 토핑을 뿌릴 차례네요! 좋아하는 토핑의 종류를 골라 복사(Ctrl+드래그)하여 아이스크림 위에 토핑을 뿌려서 아이스크림을 완성해요.

2 나만의 특별한 아이스크림 만들기

01 두 번째, 세 번째 아이스크림은 자유롭게 만들어 보아요.

Lesson 11 • 아이스크림을 만들어요. 75

02 아이스크림을 그룹화하기 위해 다음과 같이 아이스크림을 드래그하여 선택한 후 [그림 서식] 정황 탭-[정렬] 그룹에서 [개체 그룹화(団)]-[그룹]을 클릭해요.

03 첫 번째 아이스크림이 그룹화되면 두 번째, 세 번째 아이스크림도 그룹화해요.

04 아이스크림을 그림 파일로 저장하기 위해 아이스크림 위에서 마우스 오른쪽 버튼을 클릭한 후 [그림으로 저장]을 클릭해요.

05 [그림으로 저장] 대화상자가 나타나면 저장 위치(내 PC\문서)를 지정한 후 파일 이름(아이스크림1)을 입력한 다음 [저장]을 클릭해요.

06 같은 방법으로 두 번째, 세 번째 아이스크림을 그림으로 저장해요.

오늘 수업의 미션!

1 다음과 같이 '도넛.pptx' 파일을 연 후 그림을 복사하여 도넛을 만들어 보세요.

- 예제 파일 : 11차시\도넛.pptx
- 완성 파일 : 11차시\도넛_완성.pptx
- 슬라이드에 있는 그림을 복사하여 만들고 싶은 도넛을 만듦

2 다음과 같이 도넛에 색 조정을 지정한 후 도넛을 그림 파일로 저장해 보세요.

- 도넛에 색 조정을 지정한 후 도넛을 그룹화
  - 지정하고 싶은 색 조정을 지정
- 도넛을 그림 파일로 저장 : 저장 위치(내 PC\문서), 파일 이름(도넛)

Lesson 11 • 아이스크림을 만들어요.

Lesson 12

배울 수 있어요!
- 나무 도마를 만들어 김밥을 올려 놓아요.
- 놀이 공원에서 점심으로 먹을 김밥을 만들어요.

김밥을 만들어요.

오늘은 놀이공원에 가족 나들이를 가기로 한 날이에요. 먼저 김밥을 만들고, 놀이공원도 내가 좋아하는 놀이공원으로 꾸민 후 그곳으로 놀러갈 예정이에요. 놀이 공원의 여러 놀이 시설을 설치하고 휴식공간도 만들고, 매점도 설치하다보면, 나도 모르게 컴퓨터 실력이 향상되어 있음을 느낄 수 있어요.

✿ 예제 파일 : 없음   ✿ 완성 파일 : 12차시\김밥_완성.pptx

- 원과 사각형으로 김밥을 만들어요.
- 슬라이드 배경을 예쁜 테이블로 만들어요.
- 나무접시는 질감으로 채우기하여 나무의 느낌을 더욱 살릴 수 있어요.

 나무도마 접시 만들기

01 새 프레젠테이션을 만든 후 레이아웃(빈 화면)을 변경해요.

02 레이아웃이 변경되면 다음과 같이 도형을 삽입한 후 도형 윤곽선 색을 지정해요.
- 나무도마 접시 : 도형 모양(사각형: 둥근 모서리), 도형 윤곽선 색(검정, 텍스트 1)

03 나무도마 접시를 만들기 위해 [도형 서식] 정황 탭-[도형 스타일] 그룹에서 [도형 채우기]-[질감]-[오크(　)]를 클릭해요.

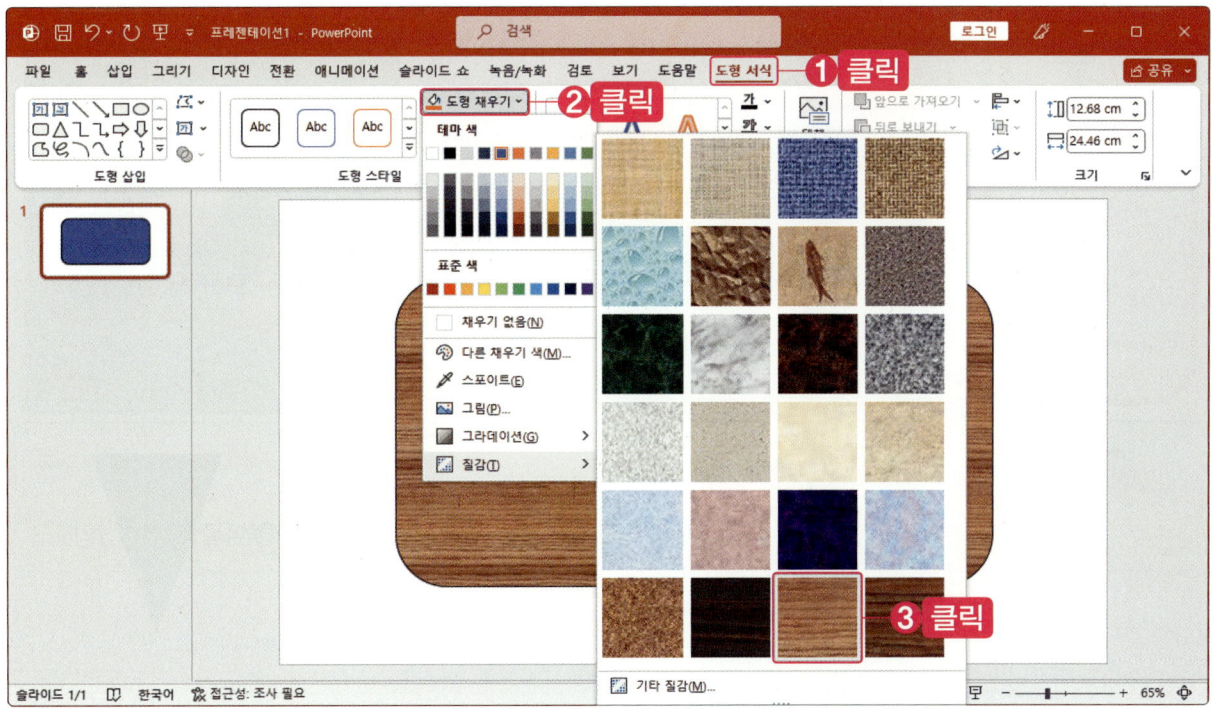

Lesson 12 • 김밥을 만들어요. **79**

04 도형 질감이 지정되면 도형 효과를 지정하기 위해 [도형 서식] 정황 탭-[도형 스타일] 그룹에서 [도형 효과]-[입체 효과]-[디벗(■)]을 클릭해요.

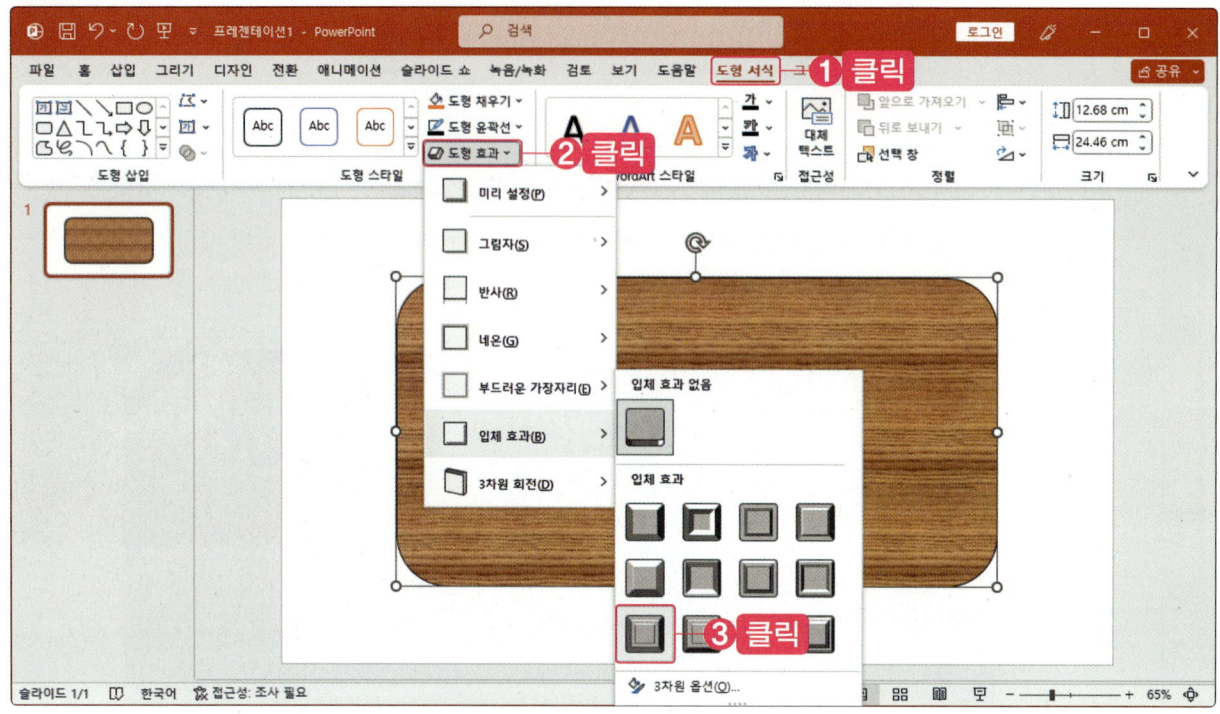

05 다음과 같이 나무도마 접시에 도형 효과가 지정돼요.

 김밥 만들기

01 다음과 같이 도형을 삽입한 후 도형 채우기, 도형 윤곽선을 지정하여 야채김밥을 만들어요.

- ○ : 도형 모양(타원(○)), 도형 채우기(흰색, 배경 1), 도형 윤곽선(검정, 텍스트 1), 선 두께(20pt)
- 🟩 : 도형 모양(직사각형(□)), 도형 채우기(연한 녹색), 도형 윤곽선(검정, 텍스트 1)
- 🟥 : 도형 모양(직사각형(□)), 도형 채우기(빨강), 도형 윤곽선(검정, 텍스트 1)
- ⬜ : 도형 모양(직사각형(□)), 도형 채우기(황금색, 강조 4, 80% 더 밝게), 도형 윤곽선(검정, 텍스트 1)
- 🟠 : 도형 모양(타원(○)), 도형 채우기(황금색, 강조 4), 도형 윤곽선(검정, 텍스트 1)
- 🟨 : 도형 모양(직사각형(□)), 도형 채우기(노랑), 도형 윤곽선(검정, 텍스트 1)
- 🟧 : 도형 모양(직사각형(□)), 도형 채우기(주황, 강조 2, 40% 더 밝게), 도형 윤곽선(검정, 텍스트 1)

02 야채김밥을 그룹화하기 위해 야채김밥을 드래그하여 선택한 후 [그림 서식] 정황 탭-[정렬] 그룹에서 [개체 그룹화(🔲)]-[그룹]을 클릭해요.

03 야채김밥이 그룹화되면 다음과 같이 야채김밥을 5개 복사한 후 위치를 조절하여 배치해요.

Lesson 12 • 김밥을 만들어요. 81

04 다음과 같이 도형을 삽입한 후 도형 채우기, 도형 윤곽선을 지정하여 김치김밥을 만들어요.
- ■ : 도형 모양(순서도: 저장 데이터(◖)), 도형 채우기(검정, 텍스트 1), 도형 윤곽선(검정, 텍스트 1)
- ○ : 도형 모양(타원(○)), 도형 채우기(흰색, 배경 1), 도형 윤곽선(검정, 텍스트 1)
- ■ : 도형 모양(직사각형(□)), 도형 채우기(빨강), 도형 윤곽선(검정, 텍스트 1)
- ■ : 도형 모양(직사각형(□)), 도형 채우기(노랑), 도형 윤곽선(검정, 텍스트 1)
- ■ : 도형 모양(직사각형(□)), 도형 채우기(연한 녹색), 도형 윤곽선(검정, 텍스트 1)
- ■ : 도형 모양(직사각형(□)), 도형 채우기(주황, 강조 2, 40% 더 밝게), 도형 윤곽선(검정, 텍스트 1)

❶ 도형을 삽입한 후 도형 채우기와 도형 윤곽선을 지정

05 김치김밥을 그룹화하기 위해 김치김밥을 드래그하여 선택한 후〔그림 서식〕정황 탭-〔정렬〕그룹에서〔개체 그룹화(団)〕-〔그룹〕을 클릭해요.

06 김치김밥이 그룹화되면 다음과 같이 김치김밥을 5개 복사한 후 위치를 조절하여 배치해요.

❶ 김치김밥을 5개 복사한 후 위치를 조절

3 단무지 만들고 배경 변경하기

01 다음과 같이 도형을 삽입한 후 도형 채우기와 도형 윤곽선을 지정한 다음 회전하여 단무지를 만들어요.

• 단무지 : 도형 모양(현(◯)), 도형 채우기(노랑), 도형 윤곽선(주황, 강조 2, 25% 더 어둡게)

① 도형을 삽입한 후 도형 채우기와 도형 윤곽선을 지정한 다음 회전

02 단무지가 만들어지면 다음과 같이 단무지를 7개 복사한 후 위치를 조절하여 배치해요.

① 단무지를 7개 복사한 후 위치를 조절

03 배경 서식을 지정하기 위해 흰색 배경 부분에서 마우스 오른쪽 버튼을 클릭한 후 [배경 서식]을 클릭해요.

Lesson 12 • 김밥을 만들어요.

04 〔배경 서식〕 작업 창이 나타나면 〔채우기〕 탭-〔그림 또는 질감 채우기〕-〔삽입〕을 클릭해요.

05 〔그림 삽입〕 대화상자가 나타나면 〔파일에서〕를 클릭해요. 그런다음 〔그림 삽입〕 대화상자가 나타나면 〔12차시〕 폴더에서 '배경.png' 파일을 선택한 후 〔삽입〕을 클릭해요.

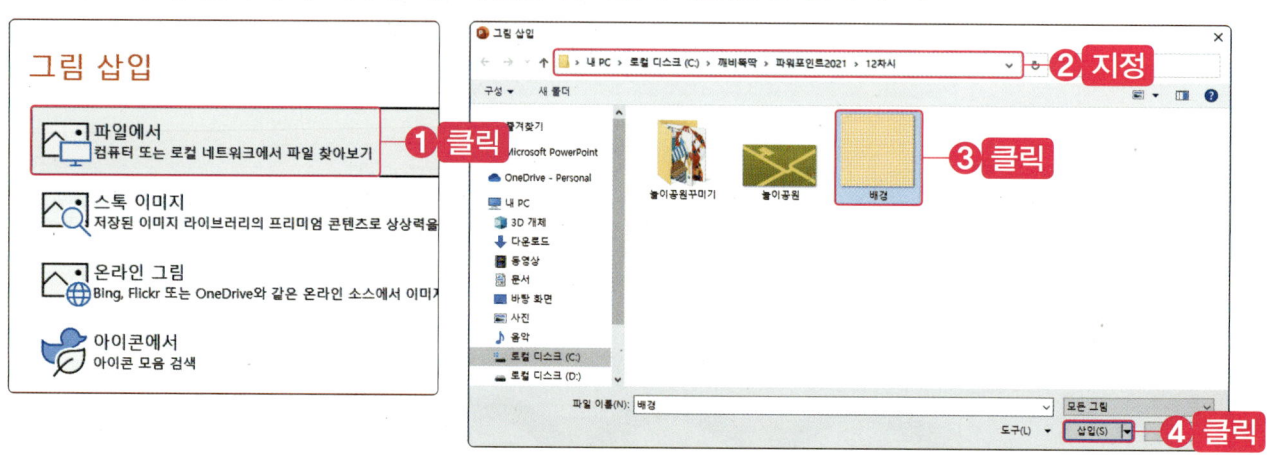

06 다음과 같이 배경 서식이 지정돼요.

① 다음과 같이 새 프레젠테이션을 만든 후 레이아웃(빈 화면)을 변경한 다음 배경 속성을 지정해 보세요.

- 예제 파일 : 12차시\놀이공원.png
- 완성 파일 : 12차시\놀이공원_완성.pptx
- 배경 서식 : 그림(찾는 위치(C:\깨비뚝딱\파워포인트2021\12차시), 그림(놀이공원.png)

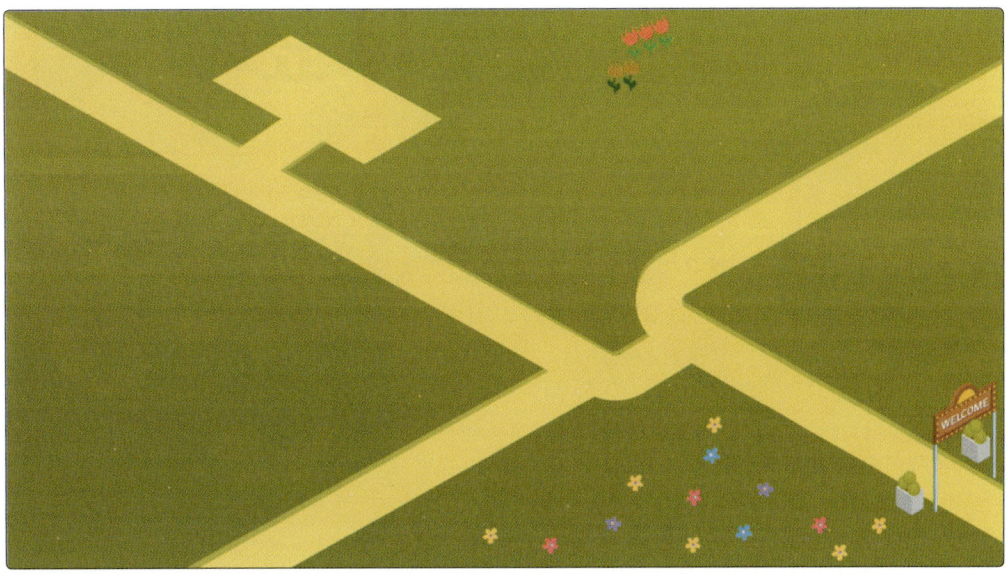

② 다음과 같이 놀이공원을 만들어 보세요.

- 예제 파일 : '12차시\놀이공원꾸미기' 폴더에 있는 그림
- 완성 파일 : 12차시\놀이공원_완성.pptx
- 놀이공원에 넣고 싶은 놀이 기구나 판매점 등을 넣어 나만의 놀이공원을 만듦

Lesson 12 • 김밥을 만들어요. 85

Lesson 13

배울 수 있어요!
- 도형과 도형을 병합해요.
- 도형 서식 지정하고 [기본 도형으로 설정] 해요.
- 복사하기(Ctrl+C), 붙여넣기(Ctrl+V) 해요.

개구리를 만들어요

도형과 도형을 합쳐서 또 다른 한 개의 도형으로 만드는 기능을 도형의 병합기능이라고 해요. 도형 병합 기능을 이용하여 개구리를 만들고 병합할 거예요. 또, 똑같은 도형의 서식을 여러 도형의 서식으로 사용해야 할 때 어떤 방법을 사용해야 편리한지 그 방법을 학습해 보아요.

⚙ **예제 파일** : 13차시\개구리.pptx ⚙ **완성 파일** : 13차시\개구리_완성.pptx

도형을 기본도형으로 설정해요.

1번 슬라이드의 개구리 형태를 복사하여 2번 슬라이드에 붙여넣어요.

도형을 복사하여 개구리를 만들어요.

1 기본 도형으로 지정하기

01 [13차시] 폴더의 '개구리.pptx' 파일을 연 후 도형을 삽입한 다음 도형 채우기와 도형 윤곽선을 지정해요.

- **도형** : 도형 모양(타원(○)), 도형 채우기(녹색, 강조 6, 25% 더 어둡게), 도형 윤곽선(윤곽선 없음)

도안에 맞추어 도형을 삽입해요.

02 기본 도형으로 지정하기 위해 도형 위에서 마우스 오른쪽 버튼을 클릭한 후 [기본 도형으로 설정]을 클릭해요.

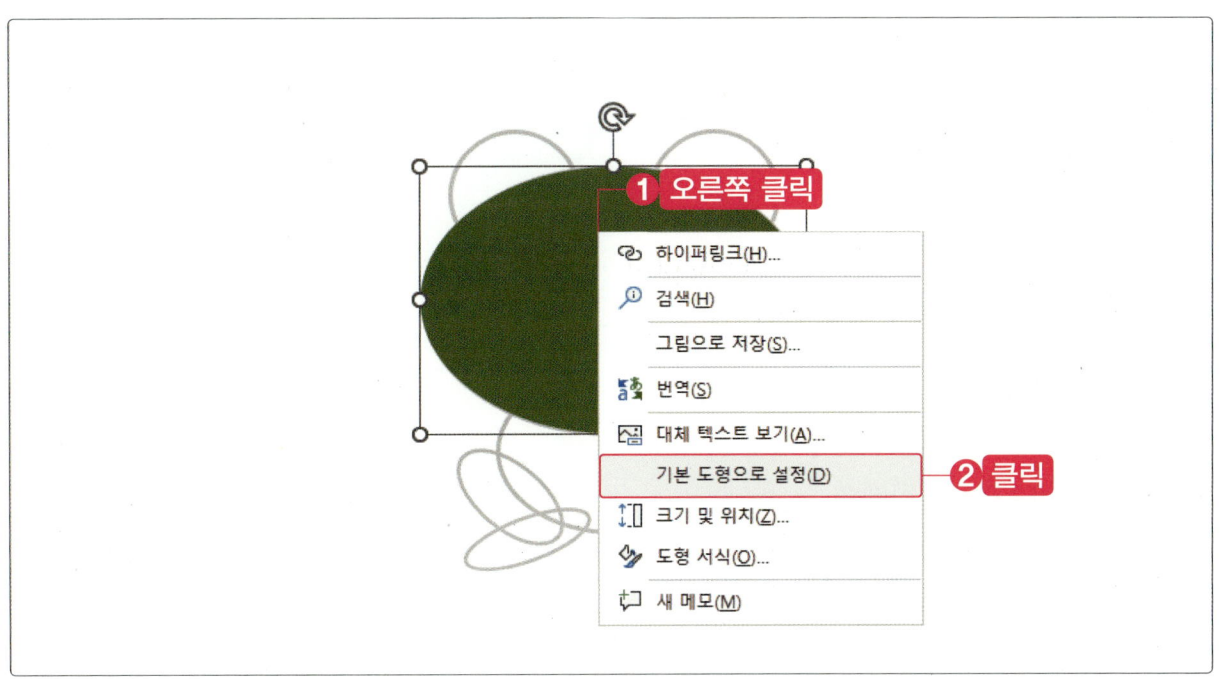

Lesson 13 • 개구리를 만들어요. 87

03 기본 도형으로 지정되면 다음과 같이 도형(타원(○))을 삽입한 후 회전하여 개구리 형태를 만들어요.

04 개구리를 그룹화하기 위해 다음과 같이 개구리를 드래그하여 선택한 후 〔도형 서식〕 정황 탭-〔정렬〕 그룹에서 〔개체 그룹화(ﾛ)〕-〔그룹〕을 클릭해요.

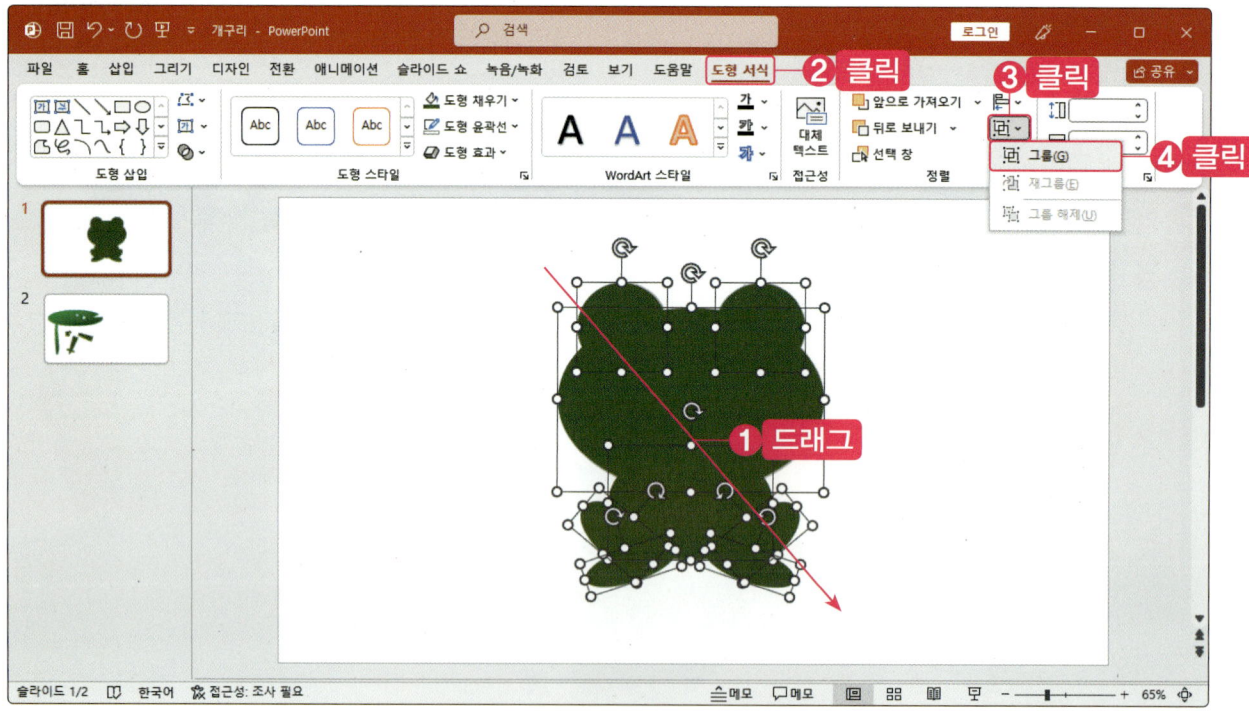

05 개구리 형태가 그룹화돼요.

 **개구리 만들기**

01 개구리 형태를 복사하기 위해 〔슬라이드〕 탭에서 1번 슬라이드를 선택한 후 개구리 형태를 선택한 다음 〔홈〕 탭-〔클립보드〕 그룹에서 〔복사(📋)〕를 클릭해요.

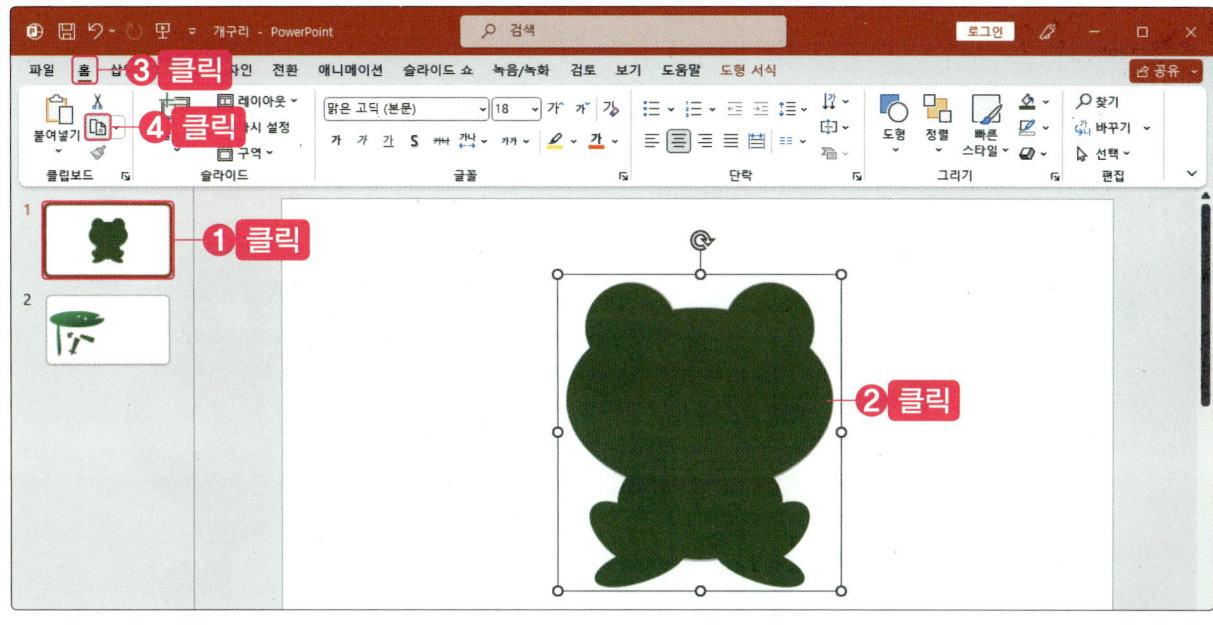

1번 슬라이드의 개구리 형태를 선택한 후 Ctrl+C 키를 눌러 개구리 형태를 복사할 수도 있어요.

02 개구리 형태가 복사되면 개구리 형태를 2번 슬라이드에 붙여 넣기 위해 〔슬라이드〕 탭에서 2번 슬라이드를 선택한 후 〔홈〕 탭-〔클립보드〕 그룹에서 〔붙여넣기(📋)〕를 클릭해요.

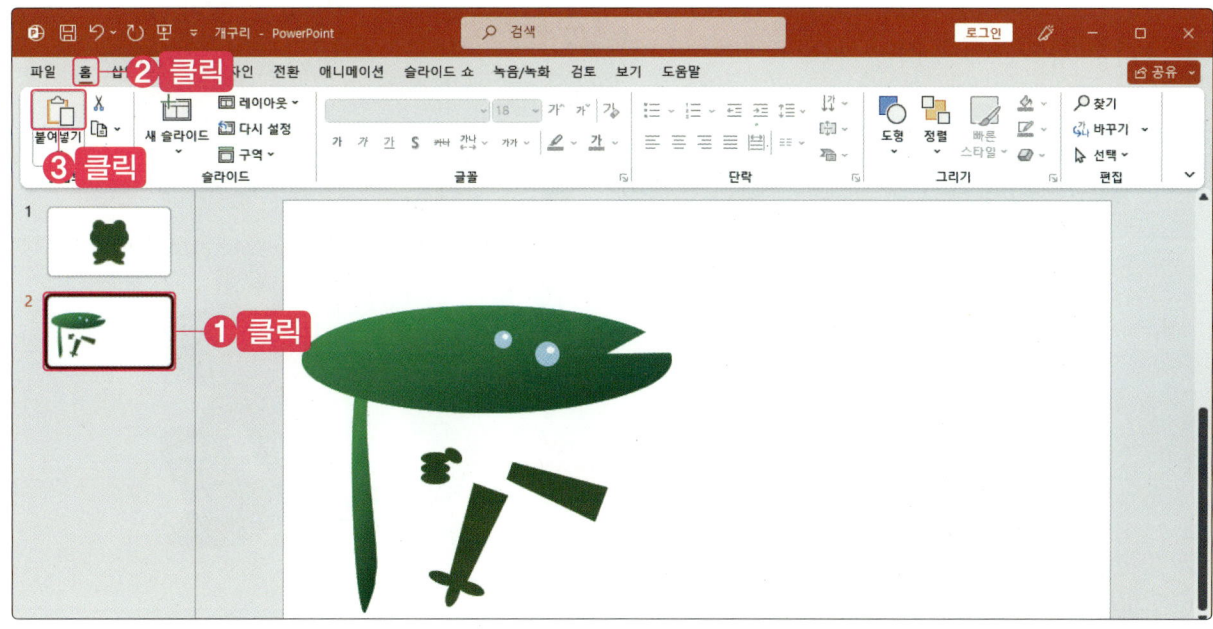

2번 슬라이드를 선택한 후 Ctrl+V 키를 눌러 개구리 형태를 붙여 넣을 수도 있어요.

Lesson 13 • 개구리를 만들어요.

03 개구리 형태가 붙여 넣어지면 다음과 같이 개구리 형태의 위치를 조절해요. 그런 다음 도형을 삽입한 후 선 색과 채우기 색을 지정한 다음 회전하여 개구리의 눈, 입, 볼, 배를 만들어요.

- 눈의 검은색 부분 : 도형 모양(타원(◯)), 도형 채우기(검정, 텍스트 1), 도형 윤곽선(윤곽선 없음)
- 눈의 흰색 부분 : 도형 모양(타원(◯)), 도형 채우기(흰색, 배경 1), 도형 윤곽선(윤곽선 없음)
- 입 : 도형 모양(막힌 원호(⌒)), 도형 채우기(검정, 텍스트 1), 도형 윤곽선(윤곽선 없음)
- 볼 : 도형 모양(타원(◯)), 도형 채우기(주황, 강조 2, 80% 더 밝게), 도형 윤곽선(윤곽선 없음)
- 배 : 도형 모양(타원(◯)), 도형 채우기(흰색, 배경 1), 도형 윤곽선(윤곽선 없음)

04 다음과 같이 도형을 복사하여 개구리를 만들어요.

05 개구리를 그룹화하기 위해 개구리를 드래그하여 선택한 후 [도형 서식] 정황 탭-[정렬] 그룹에서 [개체 그룹화(⊞)]-[그룹]을 클릭해요.

① 다음과 같이 '꽃무늬 우산.pptx' 파일을 연 후 기본 도형으로 지정한 다음 도형을 사용하여 우산 형태를 만들어 보세요.

- 예제 파일 : 13차시\꽃무늬 우산.pptx
- 완성 파일 : 13차시\꽃무늬 우산_완성.pptx
- 도형을 삽입한 후 도형 채우기와 도형 윤곽선을 지정한 다음 기본 도형으로 지정
  - 도형 : 도형 모양(현(◯)), 도형 채우기(흰색, 배경 1, 5% 더 어둡게), 도형 윤곽선(윤곽선 없음)
- 도형(타원(◯))을 사용하여 우산 형태를 만든 후 우산 형태를 그룹화

도안에 맞추어 도형을 삽입하면 쉽고 빠르게 우산 형태를 만들 수 있어요.

② 다음과 같이 도형을 복사하여 꽃무늬 우산을 만들어 보세요.

- 예제 파일 : 13차시\꽃무늬 우산 배경.jpg
- 완성 파일 : 13차시\꽃무늬 우산_완성.pptx
- 1번 슬라이드의 우산 형태를 복사하여 2번 슬라이드에 붙여 넣은 후 개체 속성을 지정
  - 개체 속성 : 도형 채우기(그림), 찾는 위치(C:\깨비뚝딱\파워포인트2021\13차시), 그림(꽃무늬 우산 배경.jpg))
- 도형을 복사한 후 도형의 겹치는 순서를 다시 정하여 꽃무늬 우산을 만든 다음 꽃무늬 우산을 그룹화

Lesson 14차

배울 수 있어요!
- 도형 설정 변경 없이 도형의 모양만 변경할 수 있습니다.
- 실행 취소 기능을 학습합니다.

푸딩과 액자를 만들어요.

문서의 완성단계에서 도형의 서식 및 도형 안의 글자 내용은 변경 없이 도형의 모양만을 변경해야 하는 경우, 파워포인트의 도형 모양 변경 기능을 사용하면 간단하고 쉽게 변경이 가능해요.

🔧 예제 파일 : 14차시\푸딩과 액자.pptx   🔧 완성 파일 : 14차시\푸딩과 액자_완성.pptx

도형 모양 변경 기능을 이용하여 푸딩으로 완성해요.

[도형 서식] 작업 창에서 패턴 및 전경색을 지정해 완성해요.

 푸딩 만들기

01 〔14차시〕 폴더의 '푸딩과 액자.pptx' 파일을 연 후 〔순서도: 병합(▽)〕 도형을 선택한 다음 〔도형 서식〕 정황 탭-〔도형 삽입〕 그룹에서 〔도형 편집〕-〔도형 모양 변경〕-〔타원(○)〕을 클릭해요.

02 같은 방법으로 다음과 같이 도형의 모양을 변경하여 푸딩을 만들어요.

- 폭발: 14pt(✸) → 타원(○)
- 더하기 기호(✚) → 타원(○)
- 하트(♡) → 타원(○)
- 곱하기 기호(✖) → 타원(○)
- 별: 꼭짓점 4개(✦) → 타원(○)
- L 도형(L) → 사다리꼴(△)
- 같음 기호(=) → 사다리꼴(△)
- 별: 꼭짓점 32개(✹) → 타원(○)

Lesson 14 • 푸딩과 액자를 만들어요. 93

2 액자 만들기

01 도형의 모양을 변경하기 위해 도형(화살표: 왼쪽/오른쪽/위쪽/아래쪽(✥))을 선택한 후 [도형 서식] 정황 탭-[도형 삽입] 그룹에서 [도형 편집(🖾)]-[도형 모양 변경]-[사각형: 빗면(▢)]을 클릭해요.

02 같은 방법으로 다음과 같이 도형의 모양을 변경하여 액자를 만들어요.
- 막힌 원호(⌒) → 빗면(▢)

3 식탁 만들고 도형 서식을 지정하기

01 도형의 모양을 변경하기 위해 도형(이중 물결(∿))을 선택한 후 [도형 서식] 정황 탭-[도형 삽입] 그룹에서 [도형 편집]-[도형 모양 변경]-[사다리꼴(⏢)]을 클릭해요.

02 식탁의 패턴 및 전경색을 변경하기 위해 도형 위에서 마우스 오른쪽 버튼을 클릭한 후 [도형 서식]을 클릭해요.

03 [도형 서식] 작업 창이 나타나면 [채우기] 탭-[패턴 채우기]를 클릭해요.

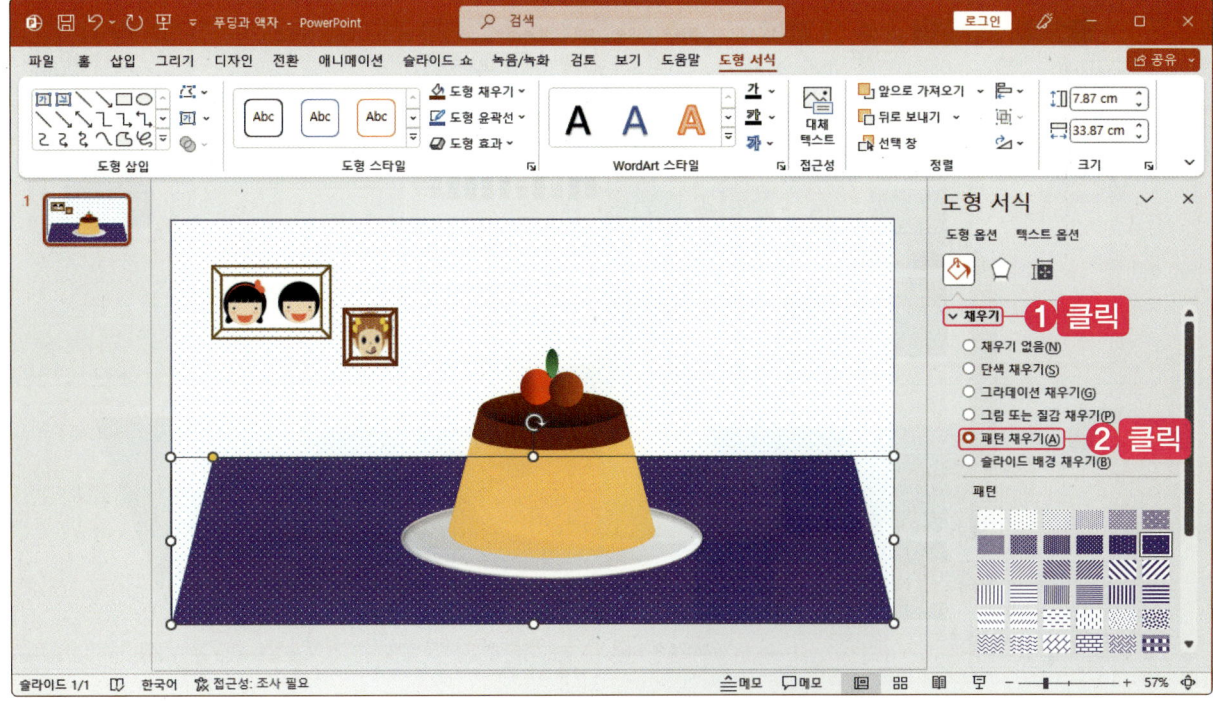

Lesson 14 • 푸딩과 액자를 만들어요. 95

04 〔도형 서식〕 작업 창에서 패턴 및 전경색을 지정해요.

- 패턴 : 패턴(80%(▨)), 전경색(파랑)

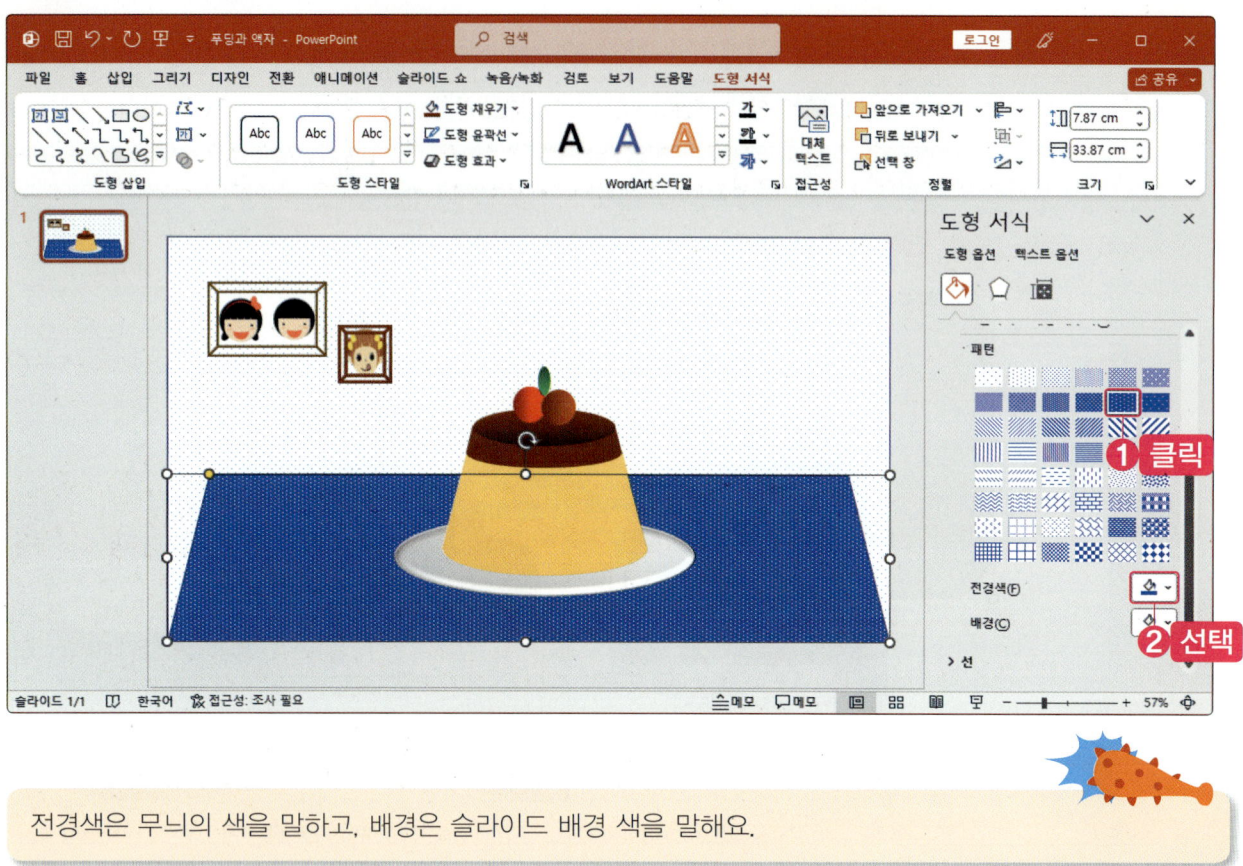

전경색은 무늬의 색을 말하고, 배경은 슬라이드 배경 색을 말해요.

05 벽면 도형을 선택한 후 〔도형 서식〕 작업 창에서 패턴 및 전경색을 지정한 다음 〔닫기(✕)〕를 클릭해요.

- 패턴 : 패턴(점선 눈금(▦)), 전경색(연한 녹색)

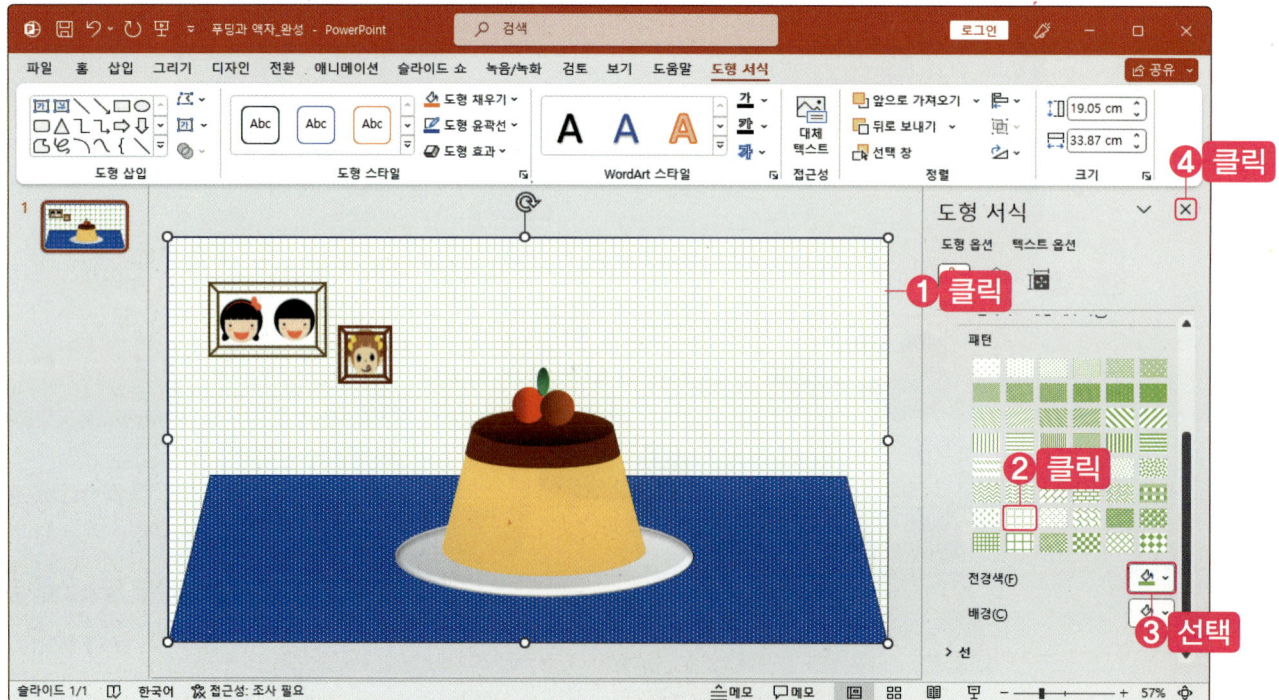

1 다음과 같이 '토끼.pptx' 파일을 연 후 도형의 모양을 변경하여 토끼를 만들어 보세요.

- 예제 파일 : 14차시\토끼.pptx
- 완성 파일 : 14차시\토끼_완성.pptx
- 도형의 모양을 변경하여 토끼를 만듦
  - 토끼 귀 2개 → 눈물 방울(⬭)
  - 검은 눈동자 → 부분 원형(◔)
  - 이빨 → 순서도: 수동 입력(▱)
  - 별: 꼭짓점 6개(✡) → 타원(◯)
  - 곱하기 기호(✖) → 순서도: 화면 표시(◯)

2 다음과 같이 배경 서식을 지정해 보세요.

- 배경 서식 : 채우기(패턴 채우기), 패턴(점선: 75%(▨)), 전경색(녹색, 강조 6), 배경(흰색, 배경 1)

Lesson 14 • 푸딩과 액자를 만들어요.

Lesson 15

배울 수 있어요!
- 워드아트(WordArt)를 삽입해요.
- 워드 스타일을 지정해요.
- 글자 효과를 지정해요.

축하 카드와 감사 카드를 만들어요.

워드아트(WordArt) 기능은 다양한 텍스트 스타일을 사용하기 편리하게 사용할 수 있도록 여러 스타일로 미리 설정해 놓고 파워포인트에서 제공하는 기능이에요. 설정된 워드아트(WordArt) 스타일의 모양을 선택하여 사용하거나 부분적으로 수정하여 사용이 가능하므로 아주 쉽고 간편하게 사용할 수 있는 편리한 기능이에요.

● 예제 파일 : 15차시\카드.pptx   ● 완성 파일 : 15차시\카드_완성.pptx

- 워드아트 스타일을 편집하고 글꼴을 변경해요.
- 워드아트를 삽입하고 스타일을 선택해요.
- 워드아트를 삽입하고 변환 텍스트 효과를 지정해요.

워드아트(WordArt) 삽입하기

01 [15차시] 폴더의 '카드.pptx' 파일을 연 후 워드아트(WordArt)를 삽입하기 위해 [삽입] 탭-[텍스트] 그룹에서 [WordArt( )]-[채우기 - 주황, 강조 2, 윤곽선 - 강조 2(A)]를 클릭해요.

02 워드아트(WordArt)가 삽입되면 텍스트(생일을 축하합니다.)을 입력한 후 텍스트를 드래그하여 블록으로 설정한 다음 [홈] 탭-[글꼴] 그룹에서 글꼴(휴먼모음T)을 선택해요.

> 워드아트(WordArt)로 마우스 포인터를 가져가서 마우스 포인터 모양이 I 모양으로 변경되었을 때 클릭하면 워드아트(WordArt) 텍스트를 입력하거나 수정할 수 있어요.

03 워드아트(WordArt) 텍스트에 글꼴 모양이 지정돼요.

2 텍스트 효과 지정하기

01 텍스트 효과를 지정하기 위해 〔도형 서식〕 정황 탭-〔WordArt 스타일〕 그룹에서 〔텍스트 효과(가)〕-〔반사〕-〔1/2 반사: 8pt 오프셋(A)〕를 클릭해요.

> 워드아트(WordArt)로 마우스 포인터를 가져가서 마우스 포인터 모양이 ✥ 모양으로 변경되었을 때 클릭하면 워드아트(WordArt)를 선택할 수 있어요.

02 텍스트 효과가 지정되면 네온 효과를 지정하기 위해 〔도형 서식〕 정황 탭-〔WordArt 스타일〕 그룹에서 〔텍스트 효과(가)〕-〔네온〕-〔네온: 11pt, 파랑, 강조색 1(A)〕를 클릭해요.

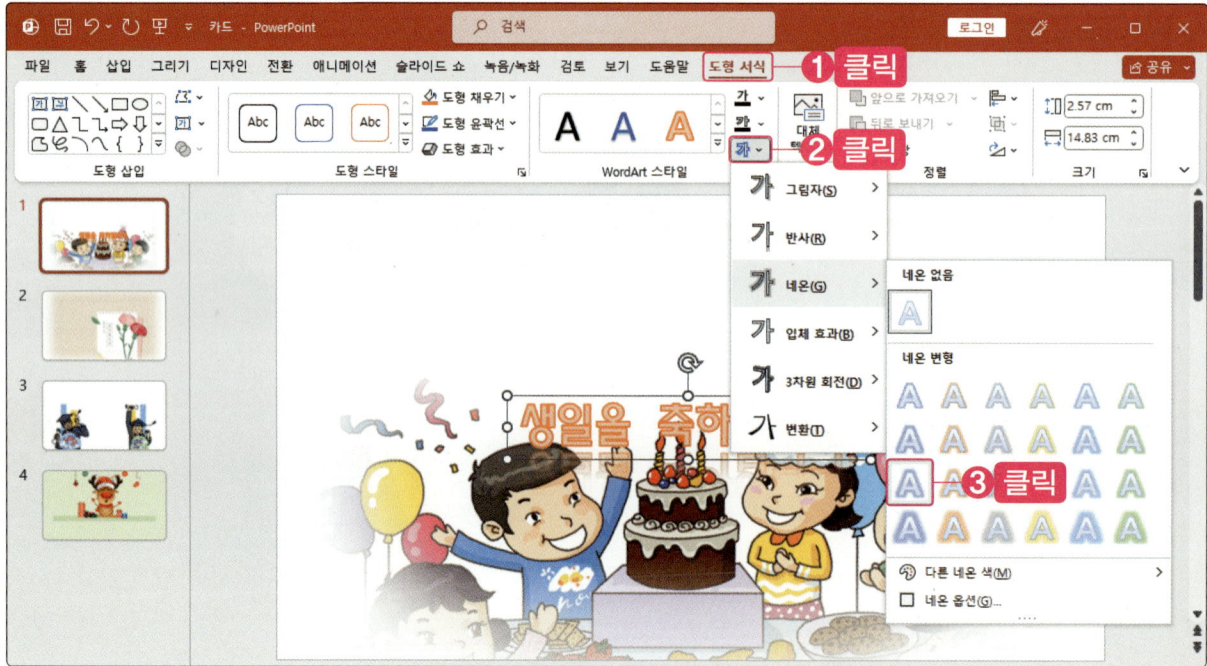

03 네온 텍스트 효과가 지정되면 변환 텍스트 효과를 지정하기 위해 [도형 서식] 정황 탭-[WordArt 스타일] 그룹에서 [텍스트 효과(가)]-[변환]-[갈매기형 수장: 아래로(abcde)]를 클릭해요.

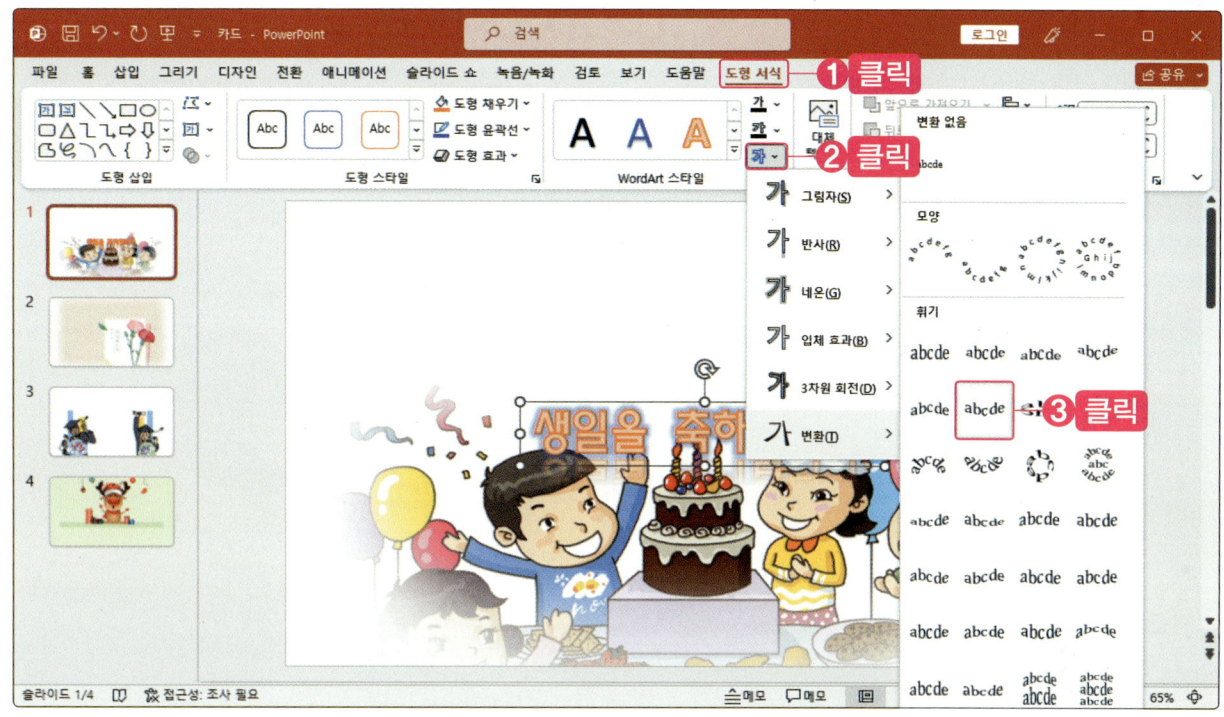

04 변환 텍스트 효과가 지정되면 다음과 같이 워드아트(WordArt)를 이동한 후 크기를 조절해요.

> 워드아트(WordArt)로 마우스 포인터를 가져가서 마우스 포인터 모양이 ✥ 모양으로 변경되었을 때 드래그하면 워드아트(WordArt)를 이동할 수 있고, 워드아트(WordArt)의 크기 조절점(⇔, ⤢, ⤡, ⇕)을 드래그하면 워드아트(WordArt)의 크기를 조절할 수 있어요.

Lesson 15 • 축하 카드와 감사 카드를 만들어요.

05 같은 방법으로 나머지 슬라이드에 워드아트(WordArt)를 작성해요.

〔2번 슬라이드〕
- 워드아트 : '그라데이션 채우기: 황금색, 강조색 4, 윤곽선: 황금색, 강조색 4'
- 워드아트 텍스트 : 글꼴(휴먼매직체), 글꼴 스타일(굵게(가))
- 워드아트 텍스트 효과 : 네온(네온: 11pt, 황금색, 강조색 4(A)), 변환(삼각형: 아래로(abcde))

〔3번 슬라이드〕
- 워드아트 : '무늬 채우기: 청회색, 어두운 상향 대각선 줄무늬, 진한 그림자'
- 워드아트 텍스트 : 글꼴(휴먼엑스포), 글꼴 스타일(굵게(가), 텍스트 그림자(S))
- 워드아트 텍스트 효과 : 네온(네온: 11pt, 주황, 강조색 2(A)), 변환(삼각형: 아래로(abcde))

〔4번 슬라이드〕
- 워드아트 : '무늬 채우기: 파랑, 강조색 1, 50%, 진한 그림자: 파랑, 강조색 1'
- 워드아트 텍스트 : 글꼴(휴먼엑스포), 글꼴 스타일(굵게(가), 텍스트 그림자(S))
- 워드아트 텍스트 효과 : 변환(원호: 아래쪽 휨(abcde))

① **다음과 같이 '시간표.pptx' 파일을 연 후 워드아트를 사용하여 제목(시간표)을 만들어 보세요.**

- 예제 파일 : 15차시\시간표.pptx
- 완성 파일 : 15차시\시간표_완성.pptx
- 워드아트를 사용하여 제목(시간표)을 만듦
  - 워드아트 : '채우기: 파랑, 강조색 5, 윤곽선: 흰색, 배경색 1, 진한 그림자: 파랑, 강조색 5)', 변환(물결: 아래로(abcde))
  - 워드아트 텍스트 : 글꼴(휴먼엑스포), 글꼴 스타일(굵게(가)), 텍스트 그림자(S)

② **다음과 같이 워드아트를 사용하여 시간표를 만들어 보세요.**

- 워드아트를 사용하여 시간표를 만듦
  - 사용하고 싶은 워드아트를 사용하고, 워드아트 텍스트에 지정하고 싶은 글자 모양을 지정

Lesson 15 • 축하 카드와 감사 카드를 만들어요.

Lesson 16

배울 수 있어요!
- 슬라이드 복사 / 삭제해요.
- 슬라이드의 보기 형태를 변경해요.
- 내보내기 명령을 이용하여 비디오로 만들 수 있어요.

반갑게 인사해요

파워포인트에는 다양한 화면 전환 효과가 제공되는데 화면전환 효과는 초보자들도 매우 쉽게 사용할 수 있는 효과에요. 이 화면전환 효과는 너무 화려하거나 과하면 오히려 본문의 내용이 전달되지 않을 수도 있기 때문에 적절하게 사용해야 해요. 오늘은 화면전환 효과에 대해 학습해 보도록 해요.

🔧 예제 파일 : 16차시\인사말.pptx   🔧 완성 파일 : 16차시\인사말_완성.pptx

- 얼굴 이미지를 삽입하고 크기와 위치를 조절해요.
- 슬라이드를 복제하고 워드아트를 삽입하여 인사말을 입력해요.
- 슬라이드의 보기 형태를 [여러 슬라이드 보기]로 설정을 바꾸었어요.
- 전환 효과를 지정해요.

1 슬라이드 복제하고 인사말 입력하기

01 〔16차시〕 폴더의 '인사말.pptx' 파일을 연 후 얼굴 이미지를 삽입한 다음 크기와 위치를 조절해요.
- 얼굴 이미지 : 16차시\얼굴.png

02 슬라이드를 복제하기 위해 〔1번 슬라이드〕 위에서 마우스 오른쪽 버튼을 눌러 〔슬라이드 복제〕를 클릭해요.

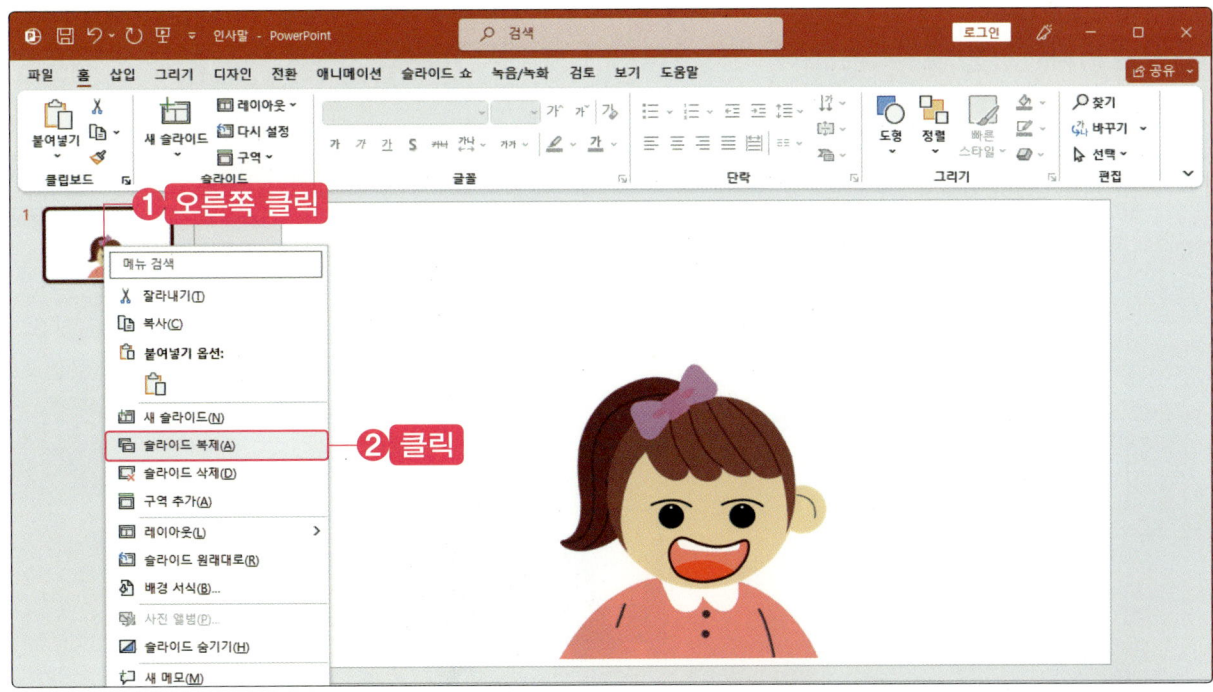

> 슬라이드 복제는 선택한 슬라이드를 복사하여 붙여 넣는 작업을 한 번에 할 수 있는 기능이에요.

Lesson 16 • 반갑게 인사해요. 105

03 1번 슬라이드가 복제되면 다음과 같이 워드아트(WordArt)를 삽입한 후 글꼴 속성을 지정한 다음 위치를 조절해요. 그런 다음 얼굴 이미지를 회전해요.

- 워드아트 : '채우기: 검정, 텍스트 1, 윤곽선: 흰색, 배경 1, 진한 그림자: 파랑, 강조색 5(**가**)'
- 워드아트 텍스트 : 글꼴(휴먼편지체), 글꼴 크기(72), 글꼴 스타일(굵게 **가**), 텍스트 그림자(**S**)

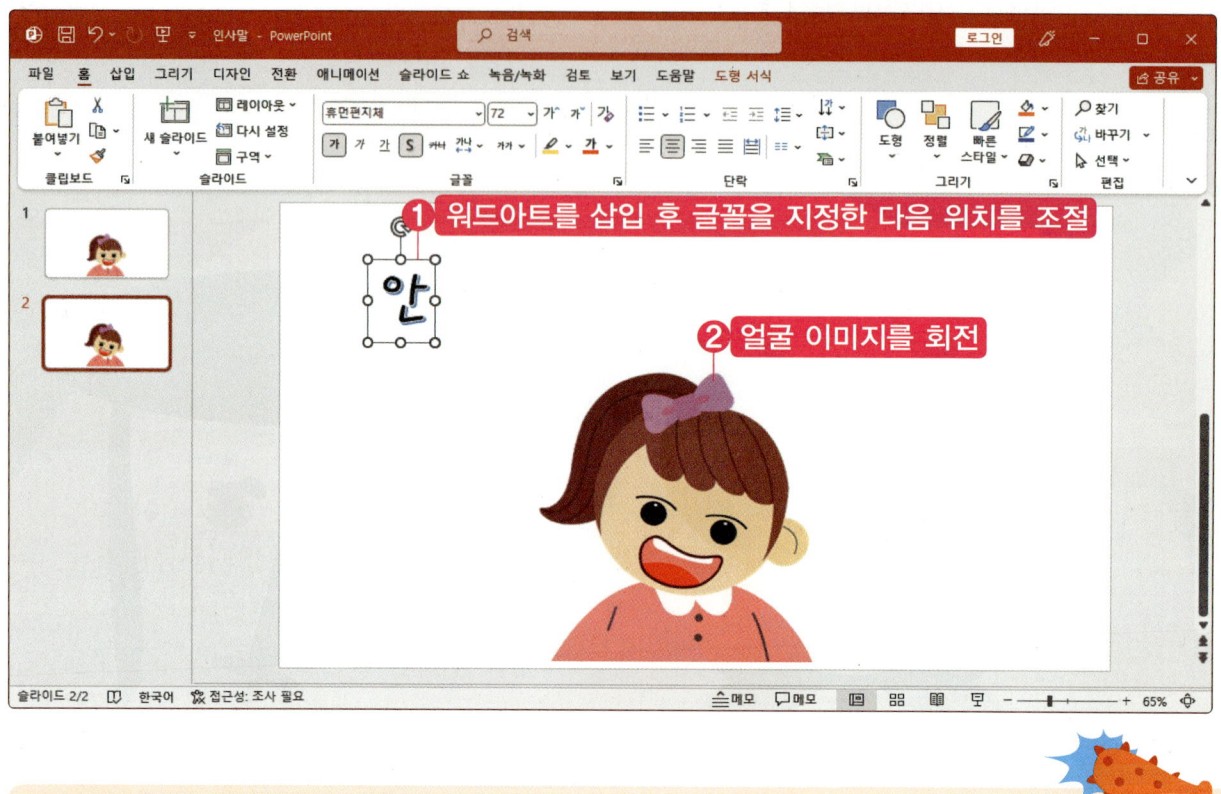

얼굴 이미지를 좌우로 회전하면 인사말을 할 때 고개를 흔드는 것처럼 표현할 수 있어요.

04 2번 슬라이드를 복제하기 위해 [2번 슬라이드] 위에서 마우스 오른쪽 버튼을 눌러 [슬라이드 복제]를 클릭해요.

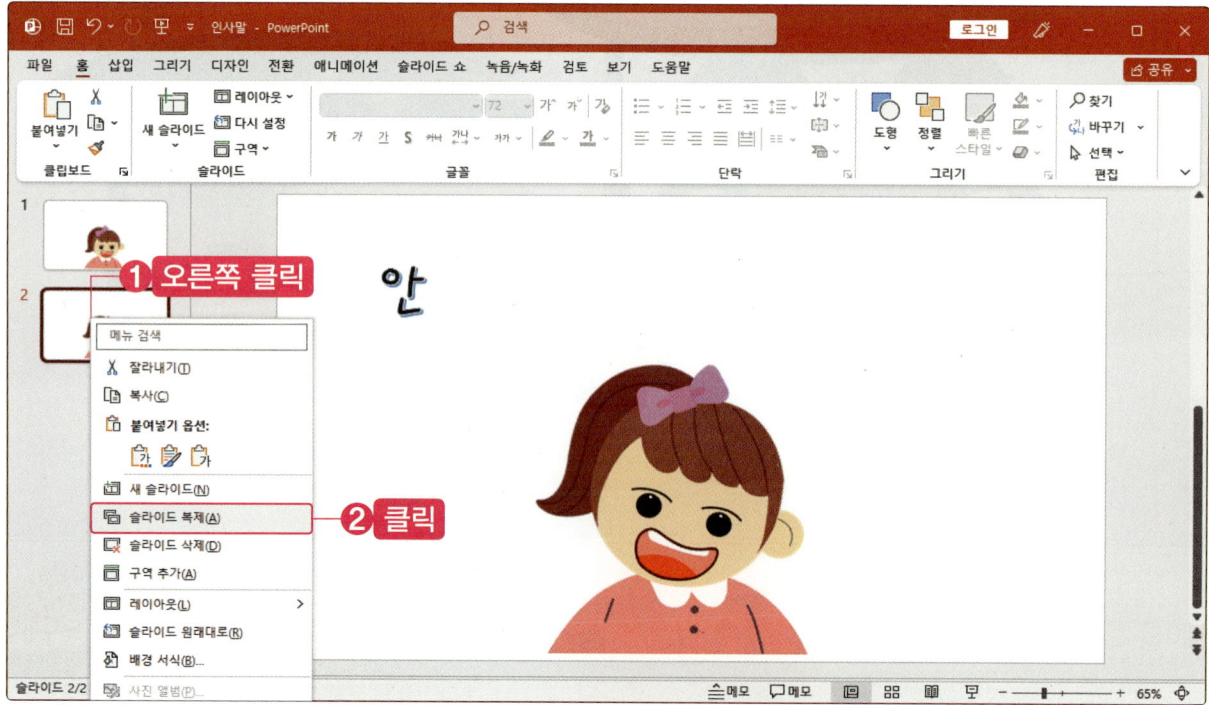

05 2번 슬라이드가 복제되면 다음과 같이 워드아트(WordArt) 텍스트를 수정해요. 그런다음 얼굴 이미지를 회전해요.

06 같은 방법으로 다음과 같이 슬라이드를 복제하여 4~7번 슬라이드를 작성해요.

〔4번 슬라이드〕

〔5번 슬라이드〕

〔6번 슬라이드〕

〔7번 슬라이드〕

2 화면 전환 효과 지정하고 비디오 파일로 저장하기

01 화면 전환 효과를 지정하기 위해 [1번 슬라이드]를 선택한 후 [전환] 탭-[슬라이드 화면 전환] 그룹에서 [자세히(▼)]를 클릭한 다음 [소용돌이(🌀)]를 클릭해요.

02 화면 전환 효과가 지정되면 [전환] 탭-[타이밍] 그룹에서 [모두 적용]을 클릭해요.

화면 전환이 설정되면 슬라이드 번호 아래에 화면전환 설정(★) 표시가 보여요.

- 화면 전환 효과를 지정하면 슬라이드 번호 아래에 [효과(★)] 아이콘이 표시되는데요. [효과(★)] 아이콘을 클릭하면 지정된 화면 전환 효과를 확인할 수 있어요.
- 지정된 화면 전환 효과는 화면 전환 효과 목록에서 [은은한 효과\없음(☐)]을 클릭하면 제거할 수 있어요.
- 기간은 화면이 전환되는 시간을 말해요.

03 다음과 같이 모든 슬라이드에 화면 전환 효과가 지정돼요.

04 전환 효과가 지정되면 [전환] 탭-[미리 보기] 그룹에서 [미리 보기(▶)]를 클릭하여 슬라이드 전환 효과를 확인해요.

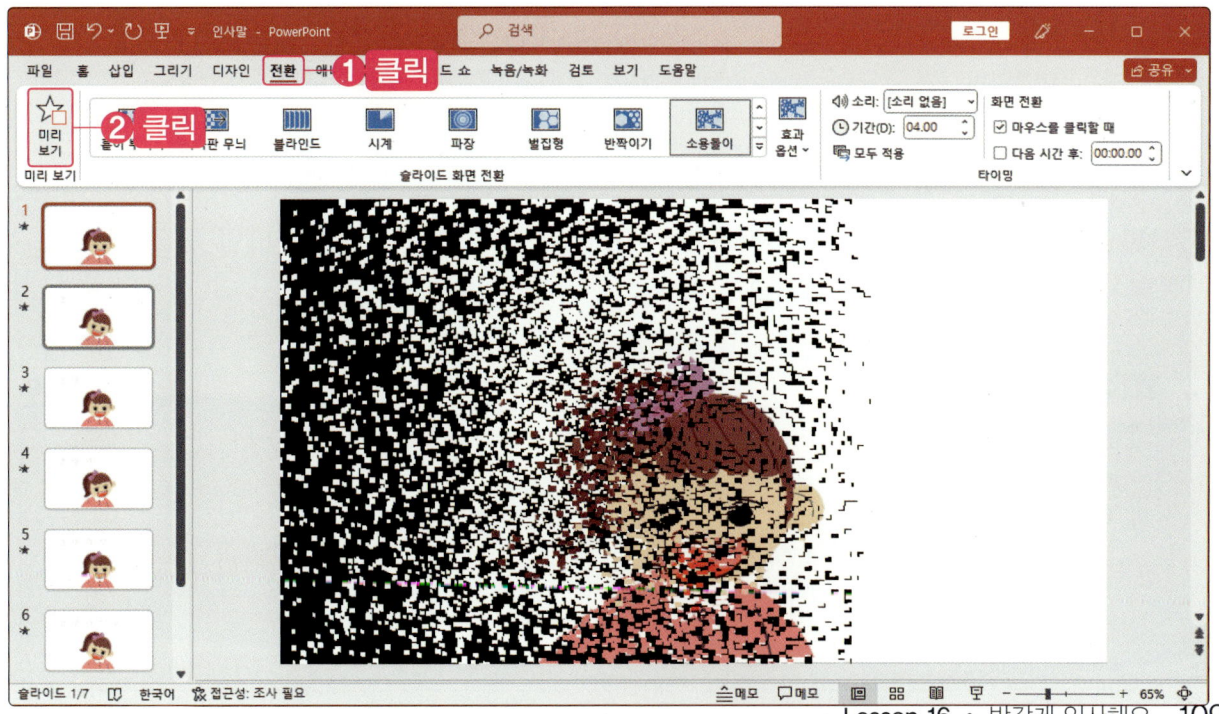

05 〔파일〕 탭을 클릭한 후 백스테이지(Backstage)로 화면이 전환되면 〔내보내기〕 탭-〔비디오 만들기〕를 클릭한 다음 각 슬라이드에 걸린 시간(초)를 '06.00'으로 수정하고 〔비디오 만들기〕를 클릭해요.

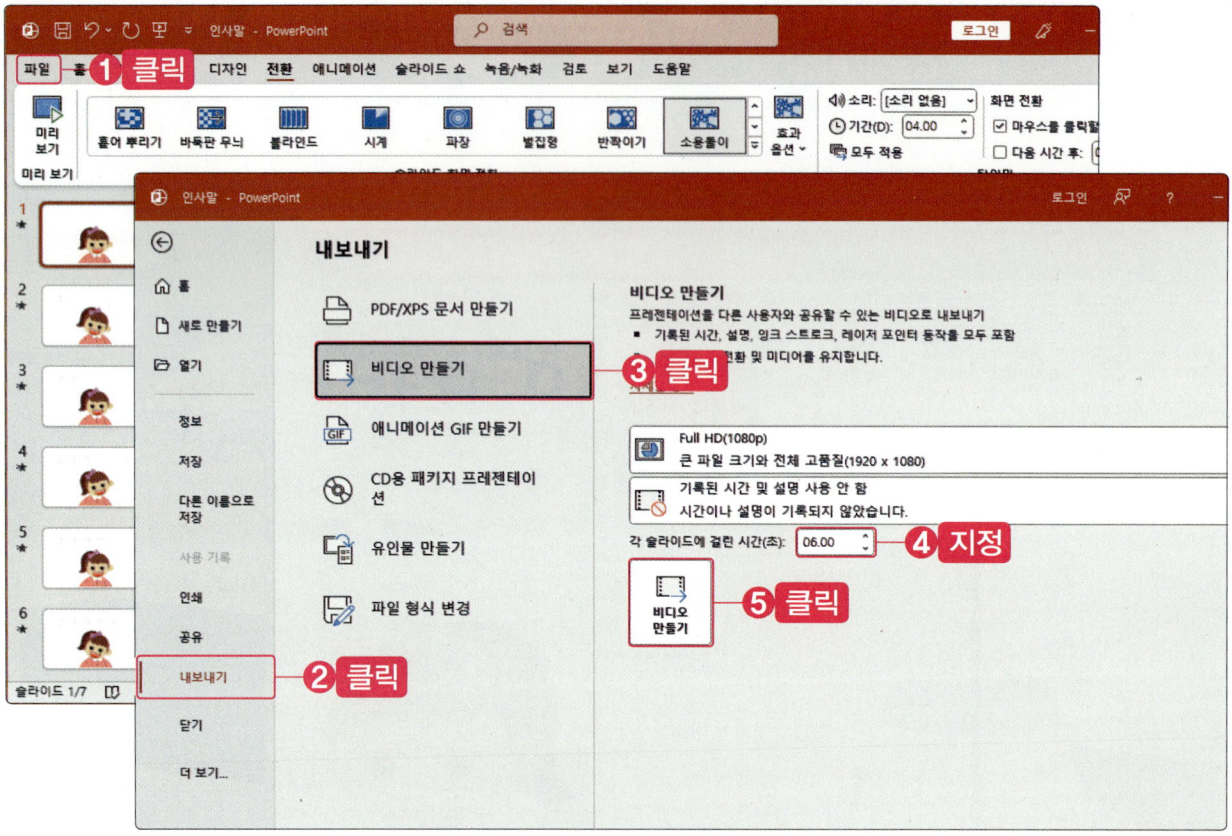

06 〔다른 이름으로 저장〕 대화상자가 나타나면 저장 위치(내 PC\문서)를 지정한 후 파일 이름(인사말_자기이름)을 입력한 다음 〔저장〕을 클릭해요.

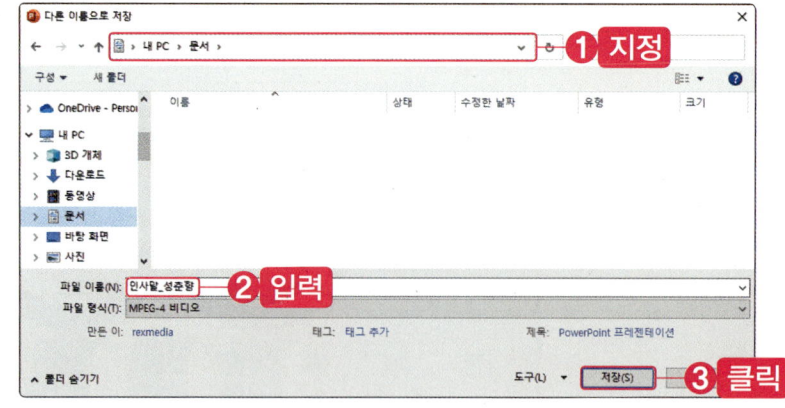

07 〔파일 탐색기〕를 실행한 후 저장 위치(내 PC\문서)를 지정한 다음 파일 이름(인사말_자기이름.mp4)을 더블클릭하여 영상을 확인해요.

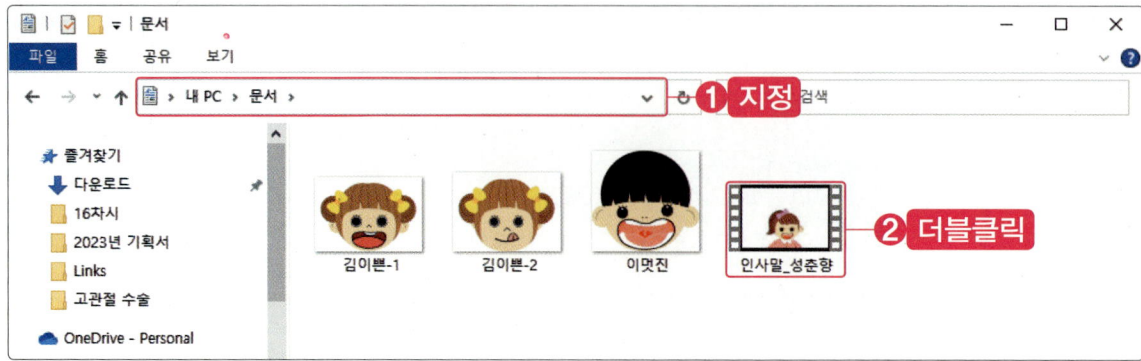

① 다음과 같이 '사랑해.pptx' 파일을 연 후 슬라이드를 작성해 보세요.

- 예제 파일 : 16차시\사랑해.pptx
- 완성 파일 : 16차시\사랑해_완성.pptx
- 1번 슬라이드를 작성한 후 슬라이드를 복제하여 2~4번 슬라이드를 작성
  - 1~4번 슬라이드 : 사용하고 싶은 워드아트를 사용하고, 워드아트 텍스트에 지정하고 싶은 글자 모양을 지정
  - 4번 슬라이드 : 하트(♥) 모양은 한글 자음 'ㅁ'을 입력하고 [한자]를 누르고 하트(♥) 모양을 선택

② 다음과 같이 전환 효과를 지정해 보세요.

- 전환 효과
  - 효과(화려한 효과\커튼(📖))
  - 다음 시간 후(00:02.00)
  - 모두 적용

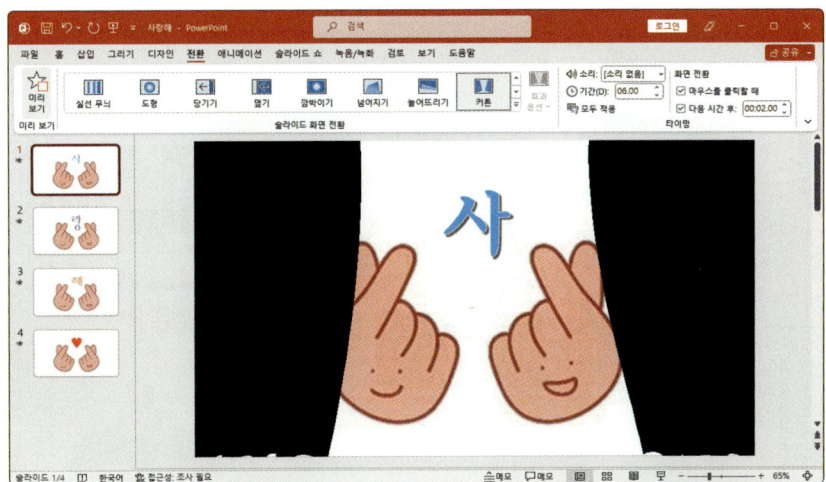

[전환] 탭-[타이밍] 그룹에서 [다음 시간 후]에 시간을 입력하면 클릭하지 않아도 자동으로 입력한 시간만큼 시간이 흐른 뒤에 다음 슬라이드로 이동돼요.

Lesson 16 • 반갑게 인사해요. 111

Lesson 17

배울 수 있어요!
- 그림의 배경을 투명하게 처리해요.
- 바닷속에서 자유롭게 헤엄치는 물고기를 표현해요.
- 애니메이션 도구상자를 이용해요.

물고기가 사이좋게 다녀요.

파워포인트 발표 시 가장 중요한 것은 발표하는 내용이겠지만 그 내용을 강조하고 눈에 띄게 할 수 있는 좋은 방법을 적절하게 사용하는 것이에요. 그 중 제일 많이 효과적으로 자주 사용하는 방법이 애니메이션 효과에요. 오늘은 애니메이션 효과에 대해 학습해 보아요.

🔧 예제 파일 : 17차시\바다.pptx   🔧 완성 파일 : 17차시\바다_완성.pptx

- 배경색을 투명하게 변경했어요.
- 애니메이션을 지정했어요.

1 이미지를 삽입하고 배경 투명하게 처리하기

01 〔17차시〕 폴더의 '바다.pptx' 파일을 연 후 〔삽입〕 탭-〔이미지〕 그룹에서 〔그림〕-〔이 디바이스〕를 클릭해요. 그런다음 〔그림 삽입〕 대화상자가 나타나면 〔17차시〕 폴더의 '물고기1'을 선택한 후 〔삽입〕을 클릭해요.

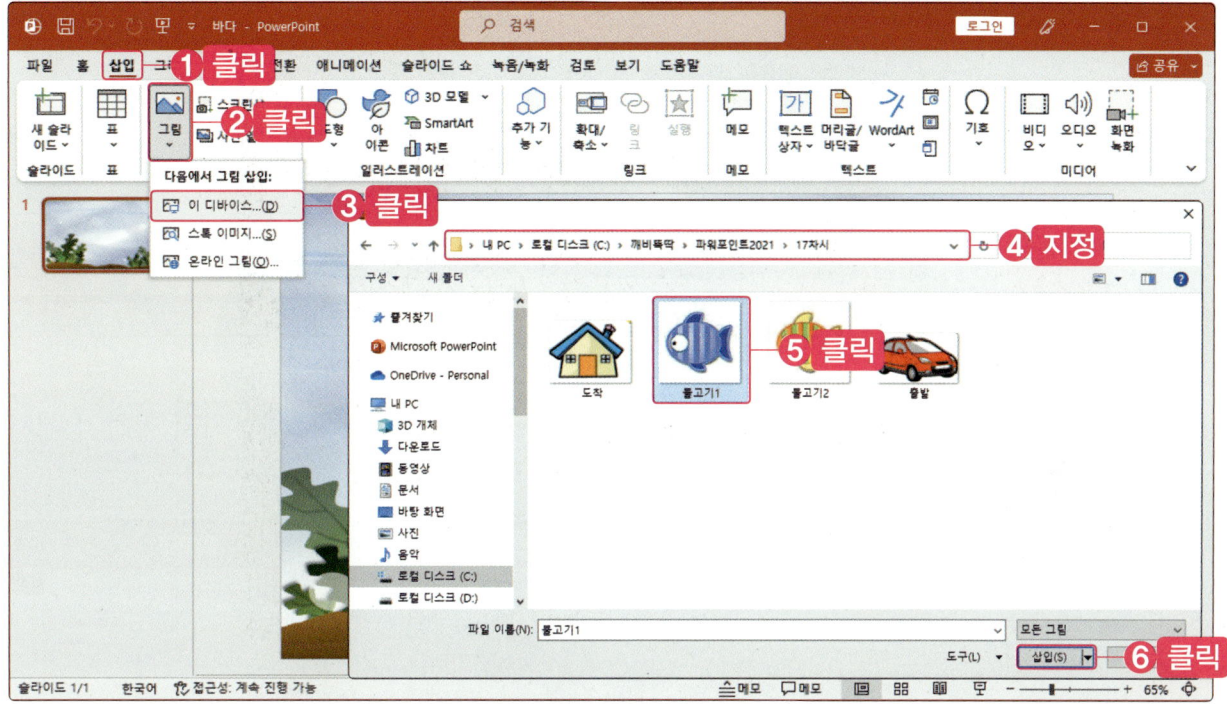

02 그림이 삽입되면 〔그림 서식〕 정황 탭-〔조정〕 그룹에서 〔색〕-〔투명한 색 설정〕을 클릭한 후 마우스 포인터 모양(🖎)이 변경되면 물고기 그림의 흰색 배경 부분을 클릭해요.

03 물고기를 2~3마리 복사(Ctrl+드래그)한 후 물고기의 크기를 조절한 다음 슬라이드 밖에 위치시켜요.

04 물고기의 색을 조절하기 위해 [그림 서식] 정황 탭-[조정] 그룹에서 [색]-[다시 칠하기]에서 물고기의 색상을 변경해 줘요.

05 같은 방법으로 물고기의 색상을 변경해 줘요.

06 '물고기2' 그림을 삽입한 후 [그림 서식] 정황 탭-[조정] 그룹에서 [색]-[투명한 색 설정]을 클릭한 후 마우스 포인터 모양(🔧)이 변경되면 물고기 그림의 흰색 배경 부분을 클릭해요.

07 물고기를 복사(Ctrl+드래그)한 후 물고기의 크기를 조절한 다음 슬라이드 밖에 위치시켜요.

08 물고기를 복사한 후 [그림 서식] 정황 탭-[정렬] 그룹에서 [개체 회전()]-[좌우 대칭]을 클릭해요.

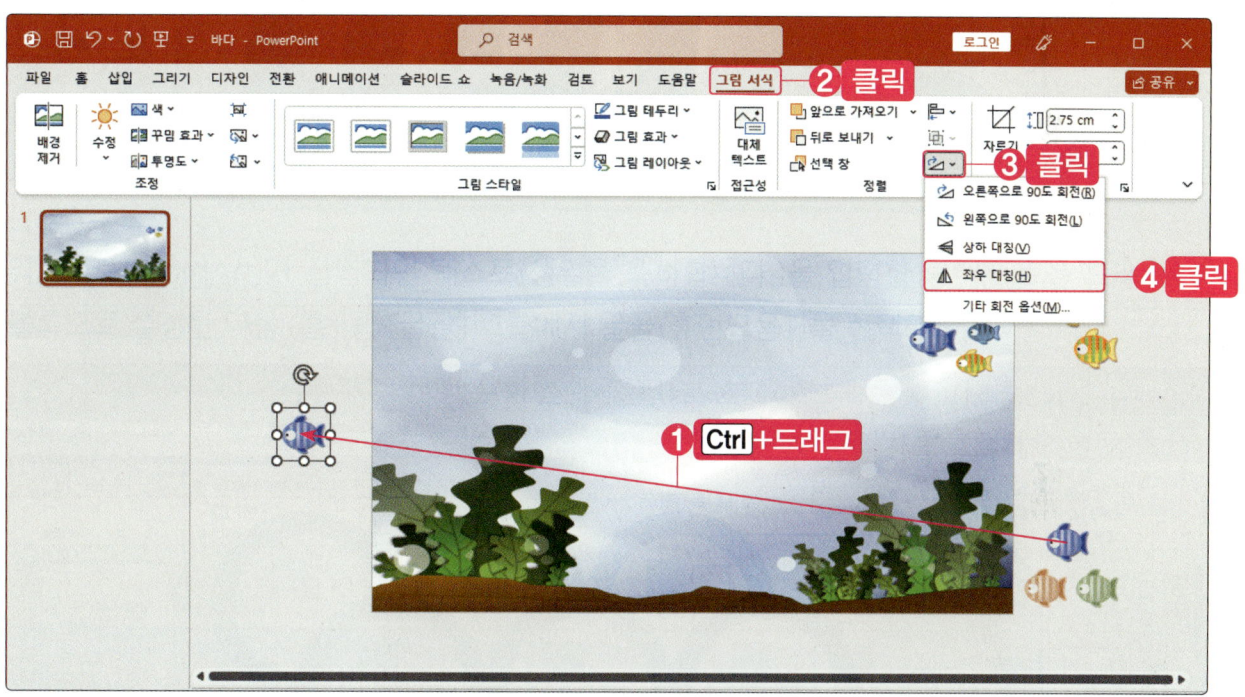

09 같은 방법으로 물고기를 복사(Ctrl+드래그)한 후 물고기의 크기를 조절한 다음 슬라이드 밖에 위치시켜요.

Lesson 17 • 물고기가 사이좋게 다녀요.

2 물고기에 애니메이션 효과 지정하기

01 물고기 한 그룹을 선택한 후 [애니메이션] 탭-[애니메이션] 그룹에서 [자세히(▽)]를 클릭한 다음 [이동 경로]-[사용자 지정 경로(✐)]를 클릭해요.

02 마우스 포인터 모양이 + 모양으로 변경되면 이동경로를 그려 넣어요.

물고기가 움직이는 경로를 자유롭게 그려요.

03 같은 방법으로 왼쪽 물고기 그룹을 선택한 후 애니메이션을 지정해요.
- 애니메이션 : 효과(이동 경로\사용자 지정 경로)

- 애니메이션을 지정하면 슬라이드 번호 아래에 (효과(★)) 아이콘이 표시되는데요. (효과(★)) 아이콘을 클릭하면 지정된 애니메이션을 확인할 수 있어요.
- 지정된 애니메이션은 애니메이션 목록에서 (없음\없음)을 클릭하면 제거할 수 있어요.

04 같은 방법으로 오른쪽 아래 물고기 그룹을 선택한 후 애니메이션을 지정해요.
- 애니메이션 : 효과(이동 경로\사용자 지정 경로)

05 애니메이션 창을 나타내기 위해 (애니메이션) 탭-(고급 애니메이션) 그룹에서 (애니메이션 창)을 클릭해요.

Lesson 17 • 물고기가 사이좋게 다녀요. 117

06 첫 번째 그림을 선택한 후 Shift 누르고 두 번째그림을 클릭하여 선택해요.

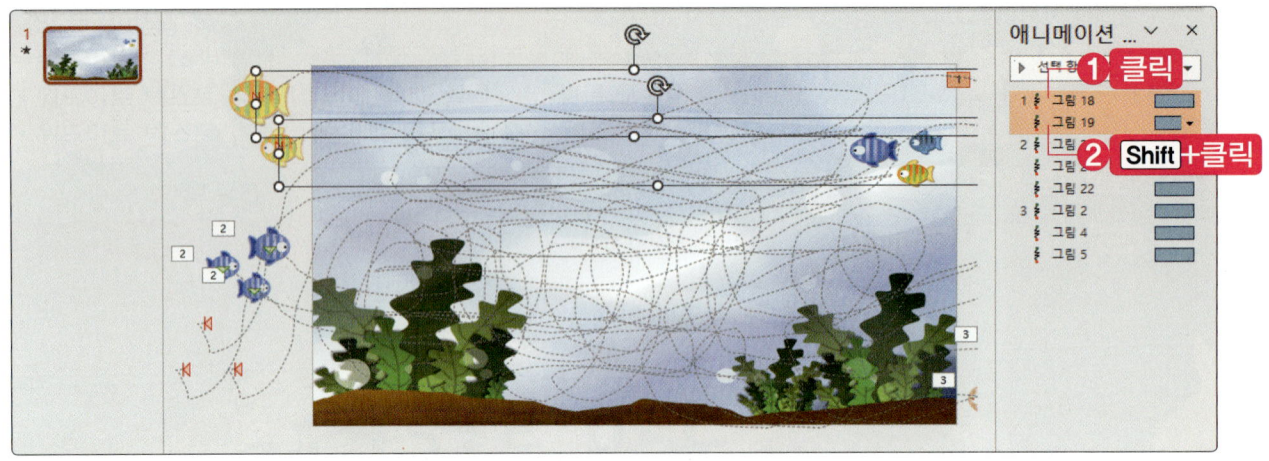

07 첫 번째 항목에 타이밍을 지정하기 위해 첫 번째 항목 위에서 마우스 오른쪽 버튼을 클릭한 후 [타이밍]을 클릭해요.

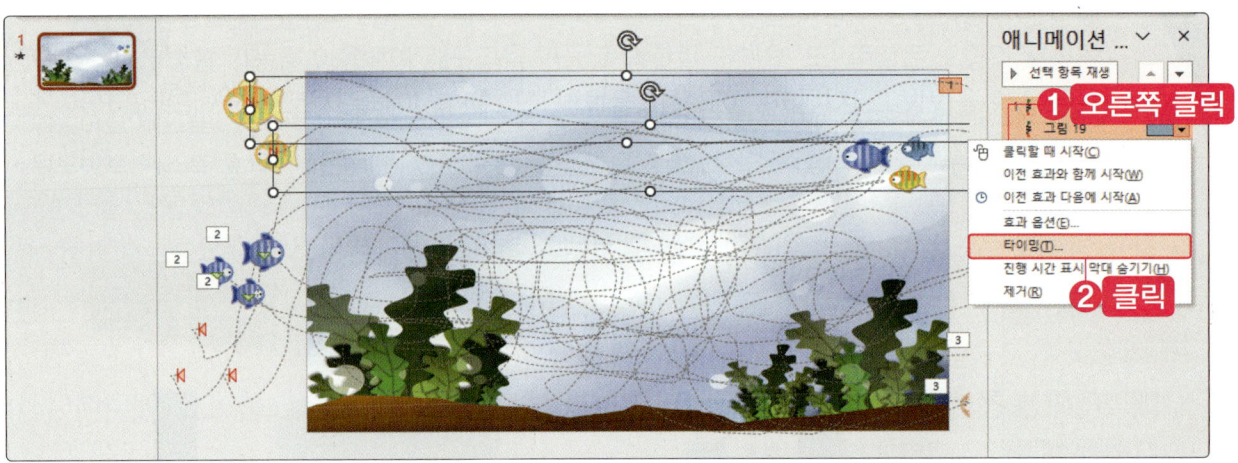

08 [사용자 지정 경로] 대화상자의 [타이밍] 탭이 나타나면 시작, 재생 시간, 반복을 지정한 후 [확인]을 클릭해요.
- 시작 : 이전 효과와 함께
- 재생 시간 : 3초(느리게)
- 반복 : 슬라이드가 끝날 때까지

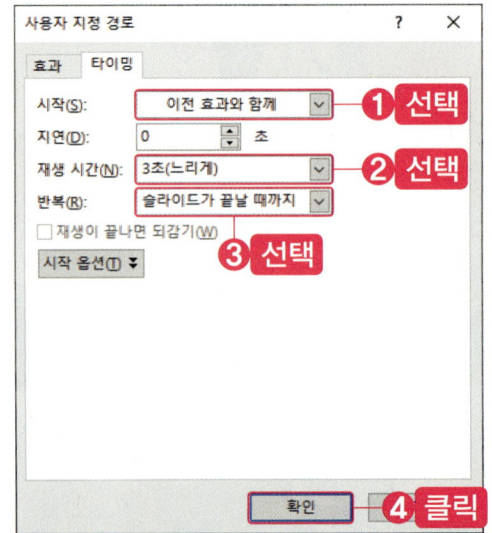

09 같은 방법으로 두 번째 항목과 세 번째 항목의 타이밍을 지정해요.
- 타이밍 : 시작(이전 효과와 함께), 재생 시간(5초(매우 느리게)), 반복(슬라이드가 끝날 때까지)

① 다음과 같이 '미로찾기.pptx' 파일을 연 후 자동차와 집을 삽입한 다음 투명한 색을 지정해 보세요.

- 예제 파일 : 17차시\미로찾기.pptx, 출발.png, 도착.png
- 완성 파일 : 17차시\미로찾기_완성.pptx
- 자동차와 집을 삽입한 후 자동차의 흰색 배경과 집의 흰색 배경을 투명한 색으로 지정
  - 자동차 : 찾는 위치(C:\깨비뚝딱\파워포인트2021\17차시), 그림(출발.png)
  - 집 : 찾는 위치(C:\깨비뚝딱\파워포인트2021\17차시), 그림(도착.png)

② 다음과 같이 자동차에 애니메이션을 지정해 보세요.

- 자동차가 집에 도착할 수 있도록 자동차에 애니메이션을 지정
  - 애니메이션 : 효과(이동 경로\사용자 지정 경로), 타이밍(시작(클릭할 때), 재생 시간(3초(느리게)))

Lesson 17 • 물고기가 사이좋게 다녀요.

Lesson 18

배울 수 있어요!
- 기차를 만들고 이미지로 저장해요.
- 기차를 움직일 수 있도록 애니메이션 효과를 설정해요.
- 슬라이드 쇼 형태로 저장해요.

달려라! 기차야!! 칙칙폭폭

도형과 도형을 합쳐서 또 다른 한 개의 도형을 만들고 애니메이션 효과를 지정해요. PowerPoint 쇼 파일 형식으로 저장하면 파워포인트를 실행하지 않고도 애니메이션을 실행 할 수 있어요. 오늘은 도형 조합 및 애니메이션 효과에 대해 학습해 보아요.

🔧 **예제 파일** : 18차시\기차.pptx 🔧 **완성 파일** : 18차시\기차_완성.pptx

- 애니메이션 효과를 추가하여 연기를 움직이게 해요.
- [나타내기] 애니메이션 효과로 기차를 움직이게 해요.
- 도형으로 기차를 만들어요

 **기차 완성하기**

01 〔18차시〕 폴더의 '기차.pptx' 예제 파일을 연 후 번호 순서대로 기차 그림 조각을 조립하여 기차 이미지를 완성해요.

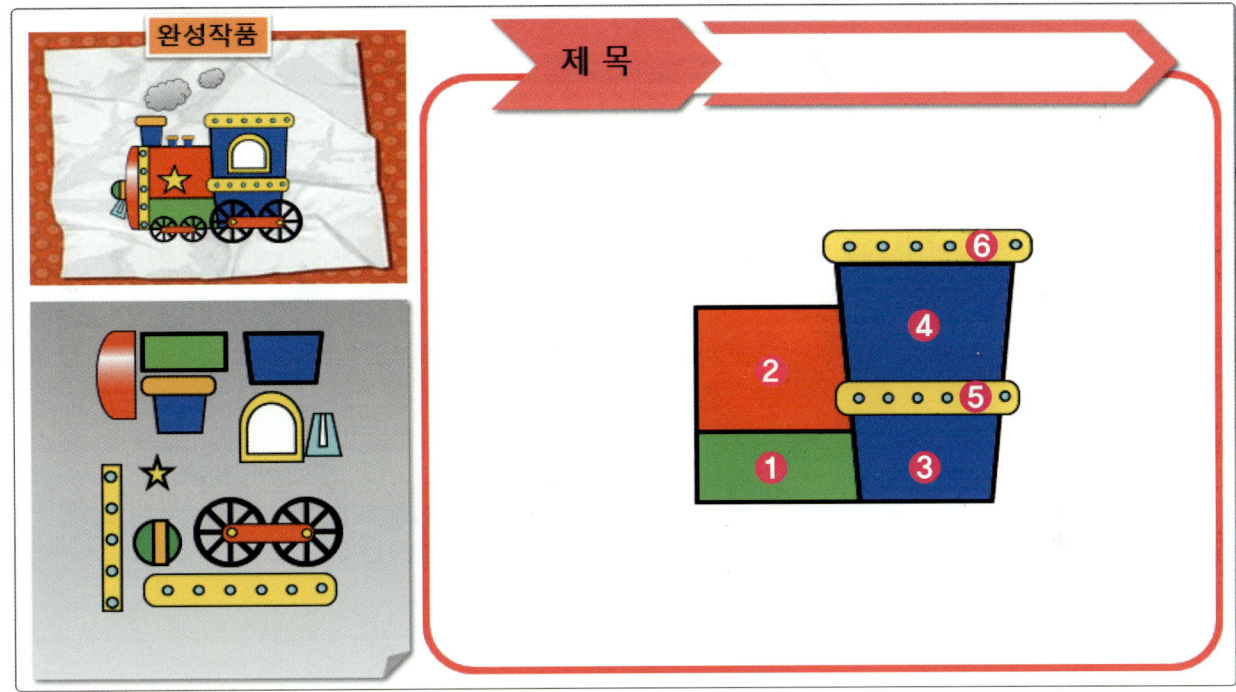

02 기차를 그룹화하기 위해 기차를 드래그하여 선택한 후 〔도형 서식〕 정황 탭-〔정렬〕 그룹에서 〔개체 그룹화(団)〕-〔그룹〕을 클릭해요.

Lesson 18 • 달려라! 기차야!! 칙칙폭폭

2 기차를 움직이는 효과주기

01 기차를 복사하기 위해 기차를 선택한 후 복사(Ctrl+C)해요.

02 2번 슬라이드를 클릭한 후 붙여넣기(Ctrl+V)한 다음 크기 및 위치를 조절해요.

03 기차를 그룹화하기 위해 기차를 드래그하여 선택한 후 [도형 서식] 정황 탭-[정렬] 그룹에서 [개체 그룹화]-[그룹]을 클릭해요.

> 기차를 드래그하여 선택한 후 [그림 서식] 정황 탭-[정렬] 그룹에서 [개체 그룹화]-[그룹]을 클릭하거나 Ctrl+G 키를 눌러 기차를 그룹화할 수도 있어요.

04 기차와 연기를 드래그하여 선택한 후 [애니메이션] 탭-[애니메이션] 그룹에서 [자세히(▼)]를 클릭해요.

05 애니메이션 목록이 나타나면 [나타내기\날아오기]를 선택해요.

06 기차와 연기에 애니메이션이 지정되면 [애니메이션] 탭-[애니메이션] 그룹에서 [효과 옵션]-[오른쪽에서]를 클릭해요.

07 애니메이션 창을 나타내기 위해 [애니메이션] 탭-[고급 애니메이션] 그룹에서 [애니메이션 창]을 클릭해요.

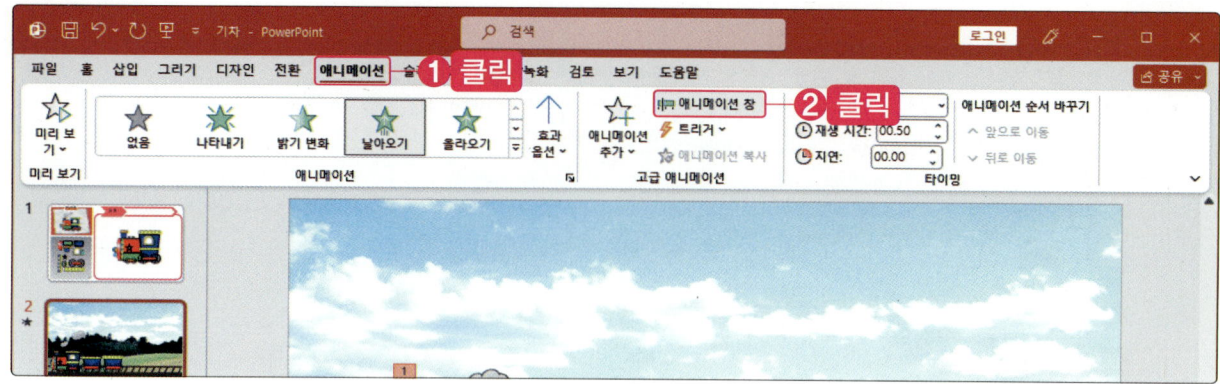

08 첫 번째, 두 번째, 세 번째 항목에 타이밍을 지정하기 위해 첫 번째, 두 번째, 세 번째 항목을 선택한 후 항목 위에서 마우스 오른쪽 버튼을 클릭한 다음 [타이밍]을 클릭해요.

09 [날아오기] 대화상자의 [타이밍] 탭이 나타나면 시작, 재생 시간을 지정한 후 [확인]을 클릭해요.
- 시작 : 이전 효과와 함께
- 재생 시간 : 2초(중간)

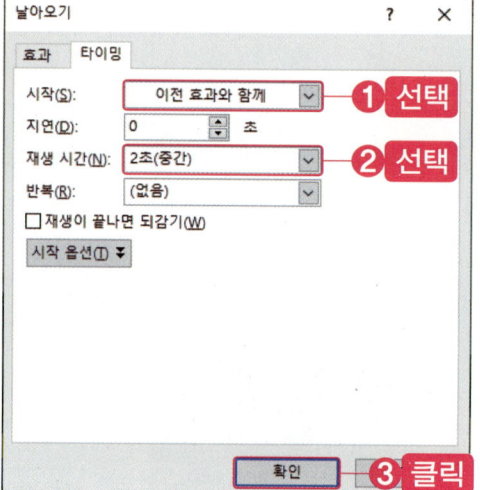

3 애니메이션 추가하기

01 첫 번째 연기에 애니메이션을 추가하기 위해 첫 번째 연기를 선택한 후 [애니메이션] 탭-[고급 애니메이션] 그룹에서 [애니메이션 추가]-[끝내기\날아가기]를 클릭해요.

02 연기에 애니메이션이 추가되면 [애니메이션] 탭-[애니메이션] 그룹에서 [효과 옵션]-[오른쪽에서]를 클릭해요.

03 네 번째 항목에 타이밍을 지정하기 위해 네 번째 항목 위에서 마우스 오른쪽 버튼을 클릭한 다음 [타이밍]을 클릭해요.

04 [날아가기] 대화상자의 [타이밍] 탭이 나타나면 시작, 재생 시간을 지정한 후 [확인]을 클릭해요.
- 타이밍 : 시작(이전 효과 다음에), 재생 시간(3초(느리게))

Lesson 18 • 달려라! 기차야!! 칙칙폭폭 125

05 같은 방법으로 두 번째 연기에 애니메이션을 지정해요.
- 애니메이션 추가 : 끝내기\날아가기
- 효과 옵션 : 오른쪽에서
- 타이밍 : 시작(이전 효과와 함께), 재생 시간(2초(중간))

06 〔파일〕탭을 클릭한 후 백스테이지(Backstage)로 화면이 전환되면 〔다른 이름으로 저장〕탭-〔찾아보기〕를 클릭해요.

07 〔다른 이름으로 저장〕대화상자가 표시되면 저장 위치를 지정한 후 파일 이름을 입력한 다음 파일 형식을 선택한 다음 〔저장〕을 클릭해요.
- 파일 이름 : 기차_본인 이름
- 파일 형식 : PowerPoint 쇼

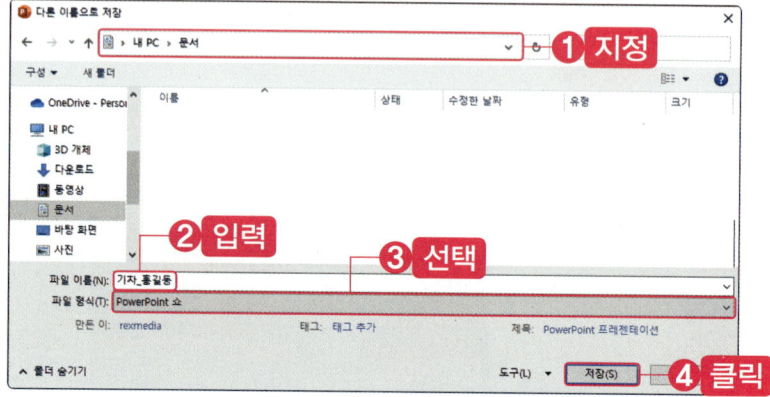

08 〔파일 탐색기〕를 실행한 후 위치(내 PC\문서)를 지정한 다음 해당 파일을 더블클릭해요.

09 다음과 같이 애니메이션이 바로 실행돼요.

오늘 수업의 미션!

① 다음과 같이 '비행기.pptx' 파일을 연 후 비행기 조각을 조합하여 비행기를 만들어 보세요.
- 예제 파일 : 18차시\비행기.pptx   ■ 완성 파일 : 18차시\비행기_완성.pptx
- 비행기 조각을 조합하여 비행기를 만든 후 비행기를 그룹화

② 다음과 같이 비행기에 애니메이션을 지정한 후 애니메이션을 추가해 보세요.
- 1번 슬라이드의 비행기를 복사하여 2번 슬라이드에 붙여 넣은 후 크기와 위치를 조절
- 비행기가 나는 것처럼 비행기에 애니메이션을 지정한 후 애니메이션을 추가
  - 애니메이션 : 효과(이동 경로\사용자 지정 경로), 타이밍(시작(이전 효과와 함께), 재생 시간(5초(매우 느리게)))
  - 애니메이션 추가 : 효과(강조\회전), 타이밍(시작(이전 효과와 함께), 지연(1), 재생 시간(2초(중간)))
- 완성 파일 : 18차시\비행기_홍길동.ppsx
  - 파일 이름 : 비행기_본인 이름   • 파일 형식 : PowerPoint 쇼

Lesson 19

배울 수 있어요!
- 애니메이션을 지정할 수 있어요.
- 프레젠테이션 동영상을 만들 수 있어요.

피에로가 공을 돌려요

도형을 이용하여 캐릭터를 만들고 도형에 애니메이션 효과를 지정해요. 적용된 애니메이션의 세부 설정을 변경할 수 있어요. 오늘은 캐릭터 작성 및 애니메이션 효과에 대해 학습해 보아요.

🛠 **예제 파일** : 19차시\피에로.pptx 🛠 **완성 파일** : 19차시\피에로_완성.pptx

애니메이션을 지정할 수 있어요.

애니메이션 효과를 이용해서 피에로의 쇼를 설정해요.

1 피에로와 공에 애니메이션 지정하기

01 〔19차시〕 폴더의 '피에로.pptx' 파일을 연 후 피에로와 공에 애니메이션을 지정하기 위해 피에로와 공을 드래그하여 선택한 다음 〔애니메이션〕 탭-〔애니메이션〕 그룹에서 〔자세히(▼)〕를 클릭해요. 그런다음 애니메이션 목록이 나타나면 〔나타내기\날아오기〕를 선택해요.

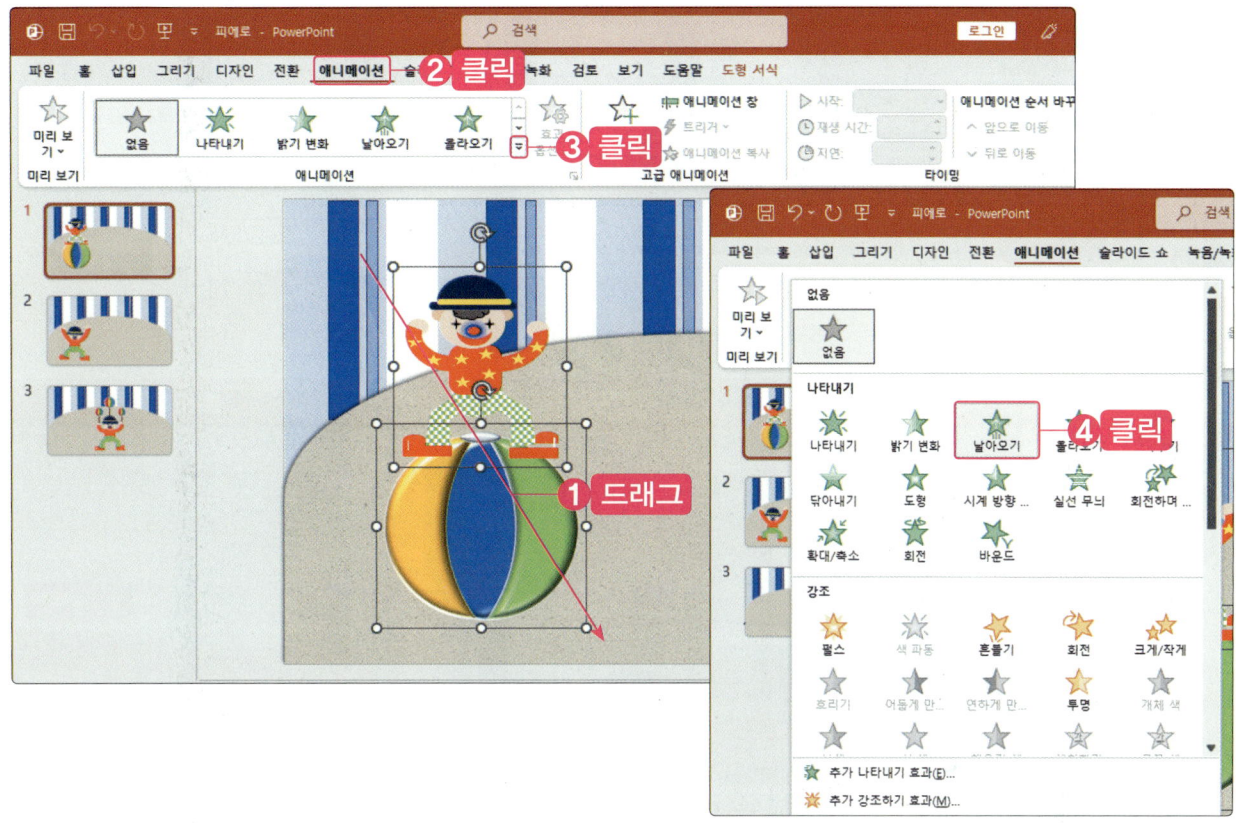

02 피에로에 애니메이션이 지정되면 〔애니메이션〕 탭-〔애니메이션〕 그룹에서 〔효과 옵션〕-〔오른쪽에서〕를 클릭해요.

Lesson 19 • 피에로가 공을 돌려요. 129

03 애니메이션 창을 나타내기 위해 〔애니메이션〕 탭-〔고급 애니메이션〕 그룹에서 〔애니메이션 창〕을 클릭해요.

04 첫 번째, 두 번째 항목에 타이밍을 지정하기 위해 첫 번째, 두 번째 항목을 선택한 후 항목 위에서 마우스 오른쪽 버튼을 클릭한 다음 〔타이밍〕을 클릭해요.

05 〔날아오기〕 대화상자의 〔타이밍〕 탭이 나타나면 시작, 재생 시간을 지정한 후 〔확인〕을 클릭해요.
- 시작 : 이전 효과와 함께
- 재생 시간 : 3초(느리게)

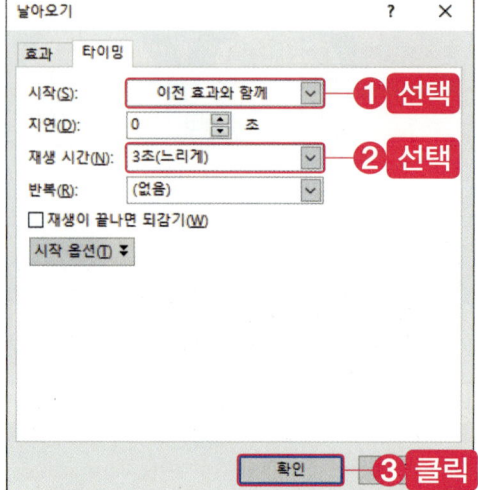

06 공에 애니메이션 효과를 추가하기 위해 공을 선택한 후 [애니메이션] 탭-[고급 애니메이션] 그룹에서 [애니메이션 추가]-[강조\회전]을 클릭해요.

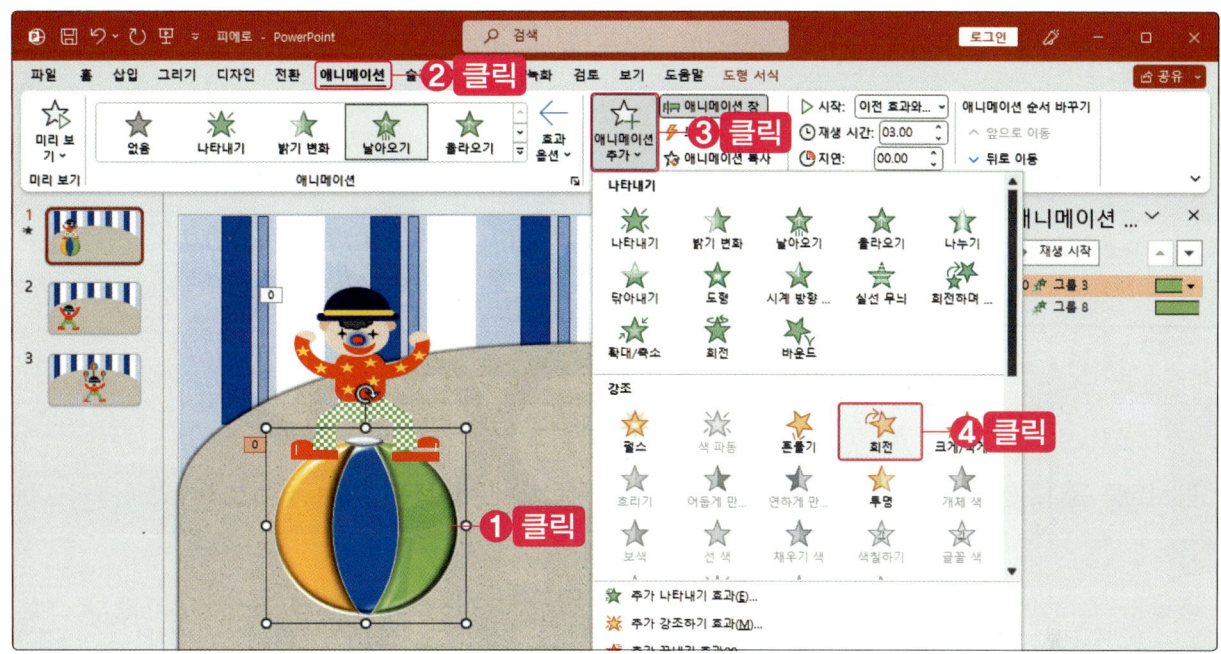

07 세 번째 항목에 타이밍을 지정하기 위해 세 번째 항목 위에서 마우스 오른쪽 버튼을 클릭한 다음 [타이밍]을 클릭해요.

08 [회전] 대화상자의 [타이밍] 탭이 나타나면 시작, 재생 시간을 지정한 후 [확인]을 클릭해요.
- 시작 : 이전 효과와 함께
- 재생 시간 : 3초(느리게)

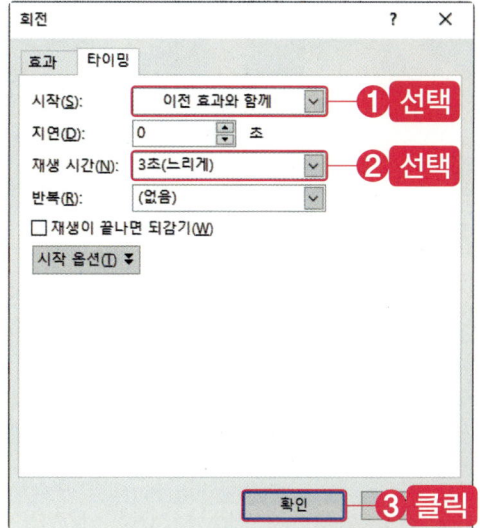

Lesson 19 • 피에로가 공을 돌려요. 131

09 애니메이션을 확인하기 위해 [애니메이션] 탭-[미리 보기] 그룹에서 [미리 보기(☆)]를 클릭하여 지정된 애니메이션을 확인해요.

10 2번 슬라이드를 선택한 후 피에로에 애니메이션을 지정한 다음 애니메이션을 추가해요. 그런다음 [애니메이션] 탭-[미리 보기] 그룹에서 [미리 보기(☆)]를 클릭하여 지정된 애니메이션을 확인해요.

- 애니메이션 : 효과(이동 경로\사용자 지정 경로), 타이밍(시작(이전 효과와 함께), 재생 시간(2초(중간)))
- 애니메이션 추가 : 효과(강조\회전), 타이밍(시작(이전 효과와 함께), 재생 시간(2초(중간)))

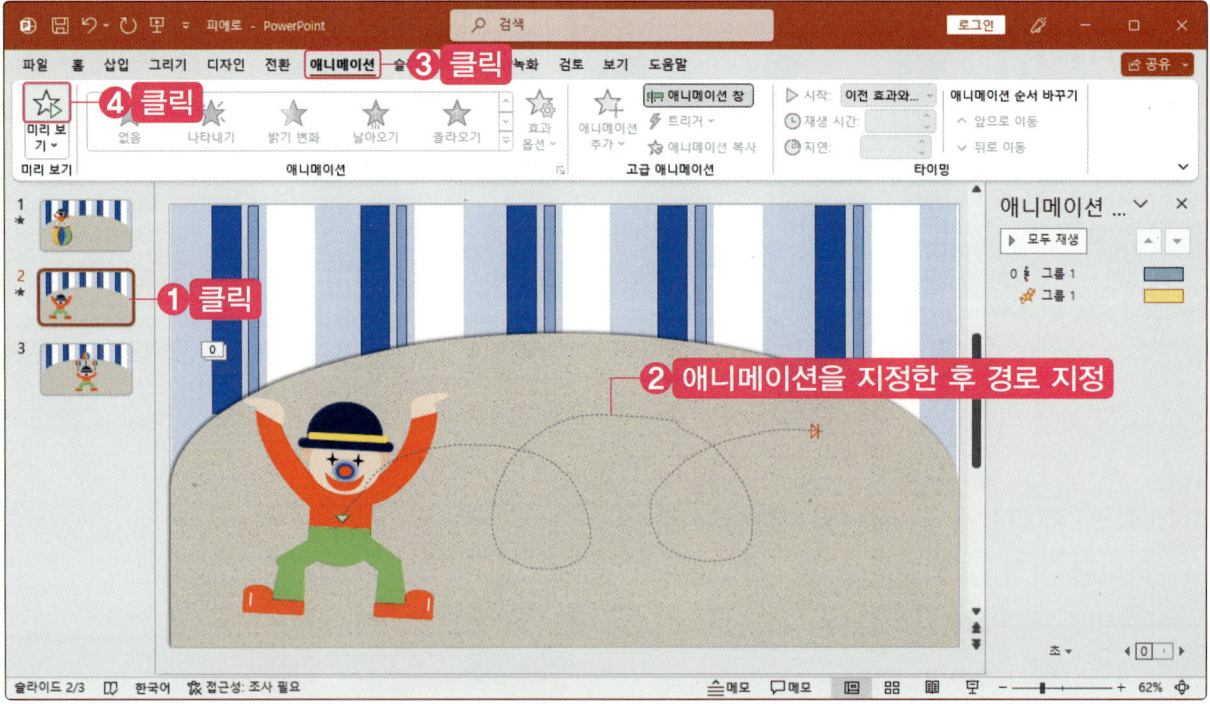

11 3번 슬라이드를 선택한 후 피에로에 애니메이션을 지정한 다음 애니메이션을 추가해요. 그런다음 [애니메이션] 탭-[미리 보기] 그룹에서 [미리 보기(☆)]를 클릭하여 지정된 애니메이션을 확인해요.

- 피에로
  - 애니메이션 : 효과(강조\흔들기), 타이밍(시작(이전 효과와 함께), 재생 시간(1초(빠르게)))
- 공
  - 애니메이션 : 효과(강조\회전), 타이밍(시작(이전 효과와 함께), 재생 시간(1초(빠르게)))

2 프레젠테이션 동영상 만들기

01 〔파일〕 탭을 클릭한 후 백스테이지(Backstage)로 화면이 전환되면 〔내보내기〕 탭-〔비디오 만들기〕를 클릭한 다음 품질과 각 슬라이드에 걸린 시간(초)를 지정하고 〔비디오 만들기〕를 클릭해요.

- 프레젠테이션 동영상 : 품질(HD(720P)), 각 슬라이드에 걸린 시간(초)(05.00)

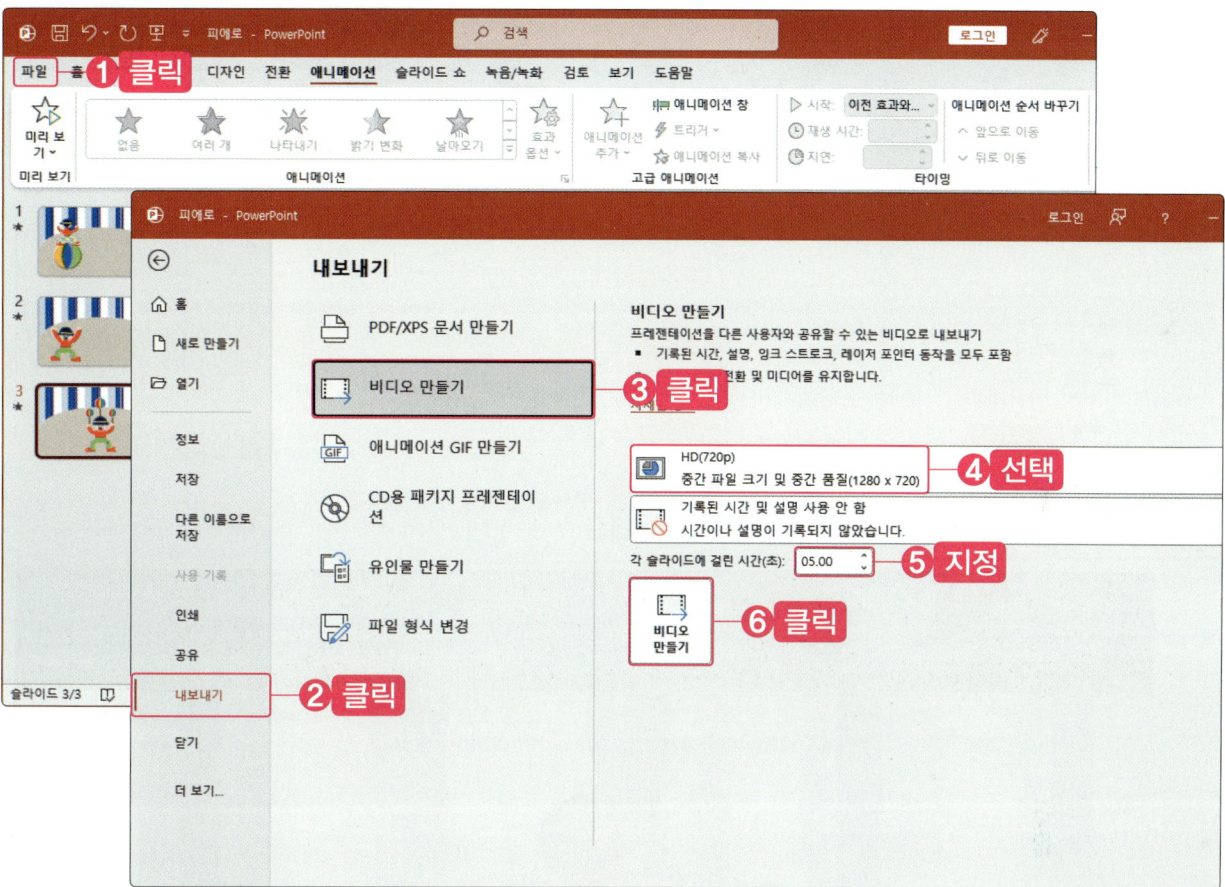

02 〔다른 이름으로 저장〕 대화상자가 나타나면 저장 위치(내 PC\문서)를 지정한 후 파일 이름(피에로)을 입력한 다음 〔저장〕을 클릭해요.

03 [파일 탐색기]를 실행한 후 저장 위치(내 PC\문서)를 지정한 다음 파일 이름(피에로.mp4)을 더블클릭해요.

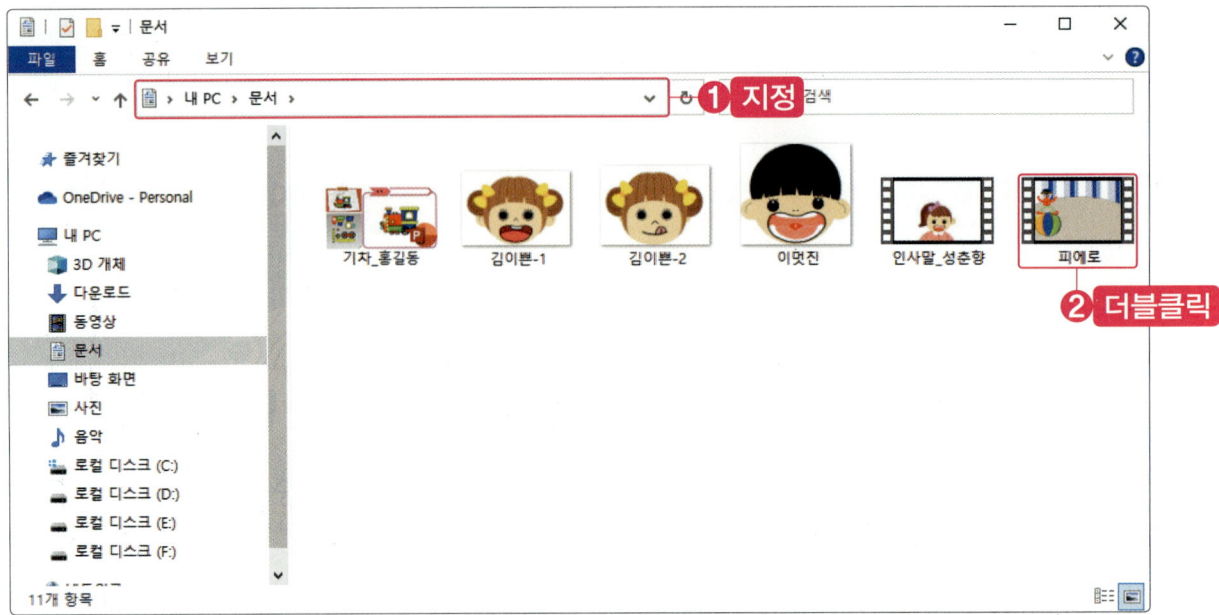

04 다음과 같이 프레젠테이션 동영상이 실행돼요.

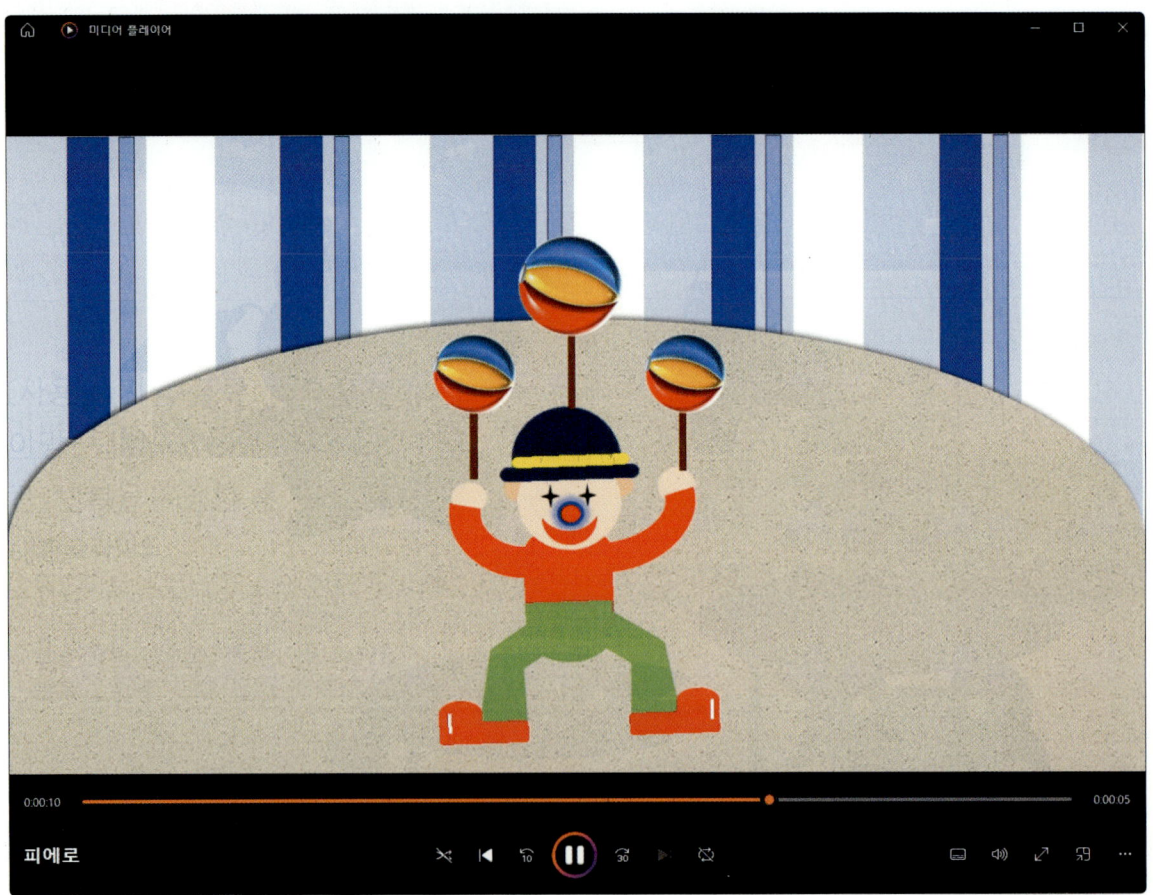

1 다음과 같이 '핸드폰 대화.pptx' 파일을 연 후 메시지와 이모티콘에 애니메이션을 지정해 보세요.

- 예제 파일 : 19차시\핸드폰 대화.pptx
- 완성 파일 : 19차시\핸드폰 대화_완성.pptx
- 실시간으로 대화하는 것처럼 메시지와 이모티콘에 애니메이션을 지정
  · 애니메이션 : 효과(나타내기\나타내기), 타이밍(시작(이전 효과 다음에), 지연(2))

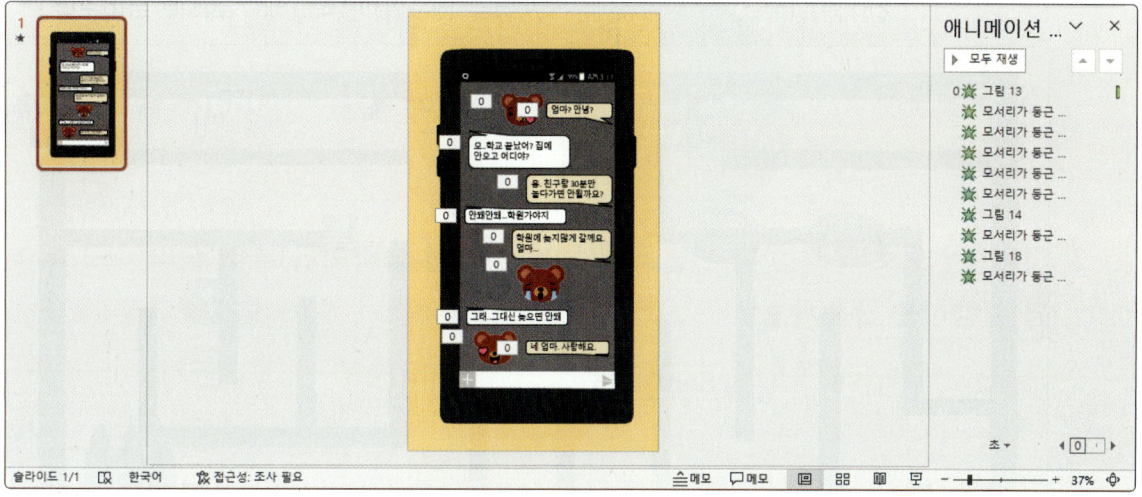

2 다음과 같이 프레젠테이션 동영상을 만들어 보세요.

- 프레젠테이션 동영상 : 품질 설정(Full HD(1080P)), 각 슬라이드에 걸린 시간(05.00), 저장 위치(내 PC\문서), 파일 이름(핸드폰 대화)

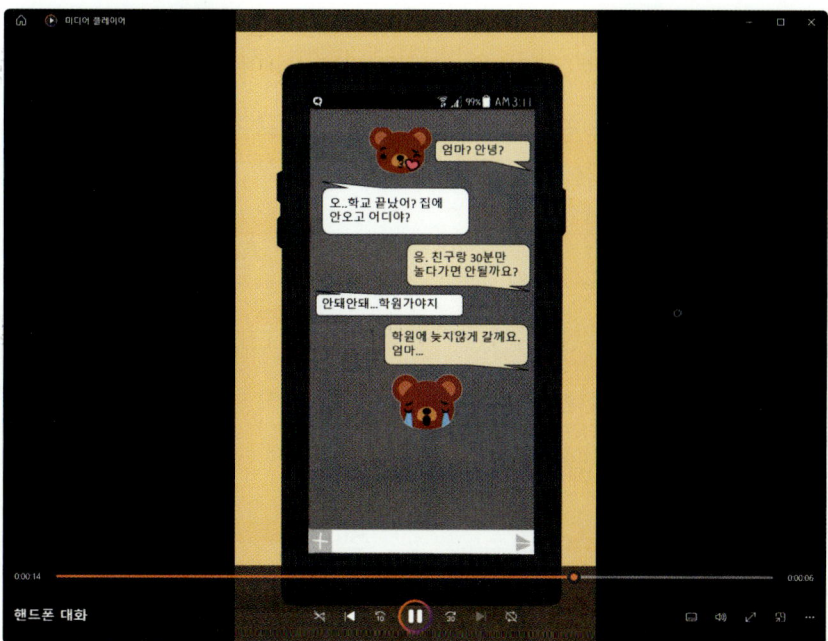

Lesson 19 • 피에로가 공을 돌려요. 135

Lesson 20 배운것을 정리해요!

문제를 풀며 지금까지 배운 내용을 총정리하도록 해요.

1. 그림이나 도형을 복사할 때 사용하는 방법으로 알맞은 것은?

   ① Ctrl+드래그   ② Ctrl+A   ③ Shift+드래그   ④ F1+드래그

2. 파워포인트로 문서를 다 만들고 처음부터 (1번 슬라이드)부터 슬라이드 쇼를 실행하는 단축키는?

   ① F2   ② F5   ③ Shift+F5   ④ Ctrl+C

3. 파워포인트의 기능 중 글자를 쉽게 사용할 수 있도록 스타일로 등록해서 사용할 수 있는 기능은?

   ① 차트   ② 워드아트(WordArt)
   ③ 스마트아트(SmartArt)   ④ 사진 앨범

4. 각각의 도형 개체를 하나의 개체로 묶는 기능을 그룹이라고 하는데, 그룹을 빠르게 할수 있는 단축키는?

   ① Ctrl+G   ② Alt+Ctrl+Shift   ③ Alt+M   ④ Alt+G

5. 글자나, 그림이 지워져서 지워지기 이전 상태로 되돌아가기 위한 명령을 실행취소라고 하는데요, 실행취소의 단축키는 무엇일까요?

   ① Alt+A   ② Ctrl+A   ③ Ctrl+Z   ④ Alt+Z

※ 정답은 PDF로 제공됩니다.

혼자서 완성해보아요

1 〔20차시〕 폴더의 '모자와 선물.pptx' 파일을 연 후 모자와 선물을 완성해 주세요.
도형의 색은 자유롭게 선택해도 좋습니다. 예쁘게 완성해 주세요.

✿ 예제 파일 : 20차시\모자와 선물.pptx   ✿ 완성 파일 : 20차시\모자와 선물_완성.pptx

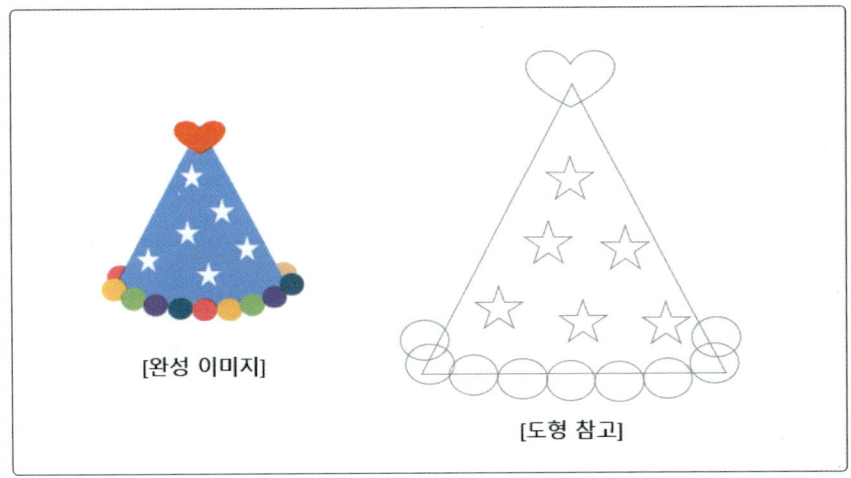

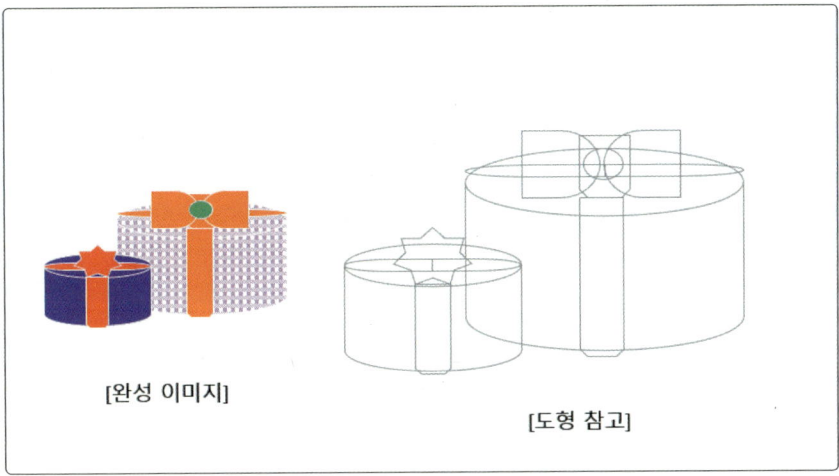

2 〔20차시〕 폴더의 '곰돌이.pptx' 파일을 연 후 곰돌이 스티커를 완성해 주세요.

✿ 예제 파일 : 20차시\곰돌이.pptx   ✿ 완성 파일 : 20차시\곰돌이_완성.pptx

Lesson 20 • 배운것을 정리해요!

Lesson 21 종합정리 I
효도쿠폰을 만들어요.

1 〔21차시〕 폴더의 '효도쿠폰.pptx' 파일을 연 후 도형, 워드아트(WordArt), 가로 텍스트 상자 그리기를 사용하여 효도쿠폰을 만들어 보세요.

🌸 예제 파일 : 21차시-종합정리\효도쿠폰.pptx   🌸 완성 파일 : 21차시-종합정리\효도쿠폰_완성.pptx

1. ♥ 효도쿠폰 ♥
   - 도형 : 사각형: 둥근 모서리(□)
   - 도형 스타일 : 보통 효과 – 주황, 강조 2
   - 글꼴 : 맑은 고딕, 글꼴 크기 : 16pt, 글꼴 색 : '흰색, 배경 1'

2. 10분안마쿠폰
   - 워드아트 스타일 : 채우기: 파랑, 강조색 5, 윤곽선: 흰색, 배경색 1, 진한 그림자: 파랑, 강조색 5
   - 글꼴 : 휴먼매직체, 글꼴 크기 : 48pt, 30pt, 글꼴 색 : 쿠폰 – '검정, 텍스트 1'

3. 주의사항
   - 가로 텍스트 상자 그리기로 작성

4. 바코드 만들기
   - 도형 : 직사각형(□)
   - 도형 채우기 : '검정, 텍스트 1', '흰색, 배경 1'
   - 도형 윤곽선 : 윤곽선 없음

❶ 검정색 직사각형 도형을 작성
❷ 흰색 직사각형 도형을 작성하고 정렬복사(Ctrl+Shift+드래그)하여 배치

2 다음과 같이 효도쿠폰을 만들어 보세요.

⚙ 예제 파일 : '21차시-종합정리\꾸미기' 폴더에 있는 그림 ⚙ 완성 파일 : 21차시-종합정리\효도쿠폰_완성.pptx
■ 1번 슬라이드를 복제하여 2번, 3번 슬라이드를 추가

〔1번 슬라이드〕

〔2번 슬라이드〕

〔3번 슬라이드〕

Lesson 22 종합정리 2
상품을 진열대에 진열해요.

1 〔22차시〕 폴더의 '렉스마켓.pptx' 파일을 연 후 상품을 진열대에 진열해 보세요.
- **예제 파일** : 22차시-종합정리\렉스마켓.pptx
- **완성 파일** : 22차시-종합정리\렉스마켓_완성.pptx
- 슬라이드 밖에 있는 상품을 복사하여 진열대에 진열

〔1번 슬라이드〕

〔2번 슬라이드〕

〔3번 슬라이드〕

〔4번 슬라이드〕

〔5번 슬라이드〕

Lesson 22 • 상품을 진열대에 진열해요. 141

Lesson 23 종합정리 3
애니메이션을 지정해요.

1 〔23차시〕 폴더의 '개구리.pptx' 파일을 연 후 빗방울과 물결에 애니메이션을 지정해 보세요.

- 예제 파일 : 23차시-종합정리\개구리.pptx
- 완성 파일 : 23차시-종합정리\개구리_완성.pptx

- 비가 내리는 것처럼 빗방울에 애니메이션을 지정
- 물결이 이는 것처럼 물결에 애니메이션을 지정

❶ 도형 : 눈물 방울(◯)
- 도형 채우기 : 그라데이션 미리 설정(위쪽 스포트라이트 강조 1)
- 도형 윤곽선 : 윤곽선 없음
- 도형 효과 : 그림자(오프셋: 아랫쪽)

❷ 애니메이션
- 애니메이션 : 효과(끝내기\가라앉기), 효과 옵션 : 서서히 아래로

❸ 눈물 방울 도형을 복사하고 크기 변경하기

❹ 〔애니메이션 창〕 작업 창에서 Ctrl+A를 눌러 모든 항목을 선택한 후 마우스 오른쪽 버튼 클릭한 후 〔타이밍〕을 클릭
- 시작 : 이전 효과와 함께, 지연 : 임의로 지정, 재생 시간 : 1초(빠르게), 반복 : 슬라이드가 끝날 때까지

※ 〔타이밍〕-〔지연〕에서 시간을 부여해 주면 애니메이션 시작 시간을 지연시간 후에 애니메이션이 실행돼요.

❷ 〔23차시〕 폴더의 '하늘비행.pptx' 파일을 연 후 태양, 새, 비행기에 애니메이션을 지정해 보세요.

✿ **예제 파일** : 23차시–종합정리\하늘비행.pptx   ✿ **완성 파일** : 23차시–종합정리\하늘비행_완성.pptx

- 새를 작성한 후 복사하여 새가 나는 것처럼 새에 애니메이션을 지정
- 태양이 이글거리는 것처럼 태양에 애니메이션을 지정
- 비행기가 나는 것처럼 비행기에 애니메이션을 지정

❶ 태양
  • 애니메이션 : 효과(강조\펄스), 시작 : 이전 효과와 함께, 반복 : 슬라이드가 끝날 때까지

❷ 비행기
  • 애니메이션 : 효과(나타내기\날아오기), 효과 옵션 : 오른쪽에서, 타이밍(시작(이전 효과와 함께), 재생 시간(2초(중간))

❸ 구름 1, 구름 2
  • 애니메이션 : 효과(나타내기\날아오기), 효과 옵션 : 오른쪽에서, 타이밍(시작(이전 효과와 함께), 지연(1초), 재생 시간(2초(중간))

❹ 새
  • 1번 슬라이드에서 새를 그룹화하여 복사한 후 크기와 위치를 지정
  • 애니메이션 : 효과(이동 경로\사용자 지정 경로), 타이밍(시작(이전 효과 다음에), 재생 시간(2초(중간))

Lesson 24 종합정리 3
프레젠테이션 동영상을 만들어요.

1 (24차시) 폴더의 '명언.pptx' 파일을 연 후 글자 속성과 배경 속성을 지정한 다음 전환 효과를 지정하고 프레젠테이션 동영상을 만들어 보세요.

- 예제 파일 : 24차시-종합정리\명언.pptx
- 완성 파일 : 24차시-종합정리\명언_완성.pptx

- 글자 속성을 지정한 후 배경 속성을 지정
- 화면 전환 효과를 지정한 후 프레젠테이션 동영상 파일로 저장

❶ (1 슬라이드)와 (3 슬라이드) 선택하고 (슬라이드 복제) 명령을 이용하여 3개 슬라이드 복사 총 9장의 슬라이드
❷ (2 슬라이드), (8 슬라이드) 배경 서식 ⇒ 투명도 : 45%
❸ (3 슬라이드), (7 슬라이드) 배경 서식 ⇒ 투명도 : 60%
❹ (4 슬라이드), (6 슬라이드) 배경 서식 ⇒ 투명도 : 85%
❺ 화면 전환 : 효과(밝기 변화), 효과 옵션(부드럽게), 기간(00.70), 다음 시간 후(00:00.10), 모두 적용
❻ 프레젠테이션 동영상
  • (파일) 탭-(내보내기)-(비디오 만들기)
  • 품질 설정(Full HD(1080P)), 각 슬라이드 걸린 시간(초)(05.00), 저장 위치(내 PC\문서), 파일 이름(명언)